Bun go Barr 4

LÁ BREITHE SONA DUIT

CJFallon

Foilsithe ag
C J Fallon
Bloc B - Urlár na Talún
Campas Oifige Gleann na Life
Baile Átha Cliath 22

An Chéad Eagrán Bealtaine 2008
An tEagrán seo Lúnasa 2008

Táimid buíoch don fhoilsitheoir An Gúm agus do na filí, Brian Ó Baoill agus Seán Máirtín, a thug cead dánta dá gcuid a athfhoilsiú. I gcás chorrcheann de na dánta istigh, níor éirigh linn foinse an chóipchirt a aimsiú. Beidh áthas orainn na gnáthshocruithe a dhéanamh ina dtaobh siúd ach an t-eolas cuí a chur in iúl dúinn.

Ealaíontóir: Jon Anthony Donohoe

Na Siombailí

Faightear na siombailí seo a leanas i dtús gach gníomhaíochta sa leabhar. Is í príomhaidhm na siombaile ná lámh chuidithe a thabhairt do mhúinteoirí, do pháistí agus do thuismitheoirí uile.

 Caint agus comhrá / Foclóir breise

 Cúpla ceist / Ceisteanna

 Nathanna cainte

 Scríbhneoireacht

 Gníomhaíochtaí

 Gramadach

 Léitheoireacht

 Dánta

Clár

Na Carachtair

Aoife   Brian   Niall   Eimear   Tomás   Cáit

Gordó

Siobhán   Colm   Dónal   Rossa   Neasa   Clíona   Séimí

Mamaí   Daidí   Mamó   Daideo   Aintín Orla

Nótaí don Oide

Nuachúrsa Gaeilge don bhunscoil is ea **Bun go Barr** ina bhfuil tús áite ag taitneamh, tuiscint agus teanga.

Tá fiche ceacht sa leabhar, bunaithe ar na deich dtéama

- **Mé Féin**
- **Bia**
- **Sa Bhaile**
- **An Teilifís**
- **An Scoil**

- **Éadaí**
- **Caitheamh Aimsire**
- **Siopadóireacht**
- **An Aimsir**
- **Ócáidí Speisialta**

Tá éisteacht, labhairt, léitheoireacht, scríbhneoireacht, drámaíocht, filíocht agus gníomhaíochtaí fite fuaite i ngach ceacht. Déantar athdhéanamh stráitéiseach sa cheacht *Súil Siar* i ngach cúigiú haonad.

Tá na heilimintí seo a leanas i ngach ceacht.

Pictiúr Tá pictiúir agus fophictiúir bunaithe ar shaol an pháiste i ngach aonad. Ócáid chainte is ea gach pictiúr. Is féidir leis an múinteoir agus na páistí ceisteanna a chur ar a chéile agus a fhreagairt. As seo, fásann forbairt foclóra agus tuiscint. Leagann an comhrá seo an bhunchloch don scéal.

Scéal Tá an ceacht léitheoireachta bunaithe ar na pictiúir agus na fophictiúir. Is minic a bhíonn agallamh nó comhrá mar chuid den scéal agus ba chóir, mar sin, dráma beag a dhéanamh as gach ceacht.

Cúpla Ceist Tá ceisteanna simplí bunaithe ar gach scéal agus tugann sé seo seans do na páistí a dtuiscint ar an scéal a léiriú. Ba chóir na ceisteanna a fhreagairt ó bhéal ar dtús agus ansin iad a scríobh. Go minic, tugtar an briathar do na páistí chun cuidiú leo.

Nathanna Múintear na nathanna nua mar chuid den cheacht. Cuirtear an-bhéim ar na nathanna cainte agus na frásaí a úsáidtear go nádúrtha i ngnáthchaint na bpáistí. Ba chóir do na leanaí agus don mhúinteoir na nathanna céanna a úsáid go rialta i rith an lae.

Scríbhneoireacht Cuirtear béim faoi leith ar na briathra mar bhunchloch na habairte. Ba chóir do na páistí an foclóir nua (ainmfhocail, briathra, nathanna srl.) a úsáid agus iad ag cumadh abairtí. Úsáidtear abairtí measctha agus iomlánú abairtí chun an scríbhneoireacht a fhorbairt.

Gramadach Tugann na ceachtanna gramadaí rialacha agus structúir do na leanaí a chuideoidh leo tuiscint a fháil ar an nGaeilge. De ghnáth, bíonn an ceacht gramadaí ar an gcúigiú leathanach de gach aonad.

Gníomhaíocht Críochnaíonn gach ceacht le cleachtaí breise, cluichí, filíocht nó foclóir breise. Tugann siad seo taitneamh agus tuiscint ar an nGaeilge do na páistí.

1. Mo Bhreithlá

LÁ BREITHE SONA

balúin

cártaí

matal

ceapairí

borróga

glóthach

seacláid

sceallóga

hataí páipéir

dlúthdhiosca

cluiche

slabhraí páipéir

sraoilleáin

treampailín

criospaí

cáca milis

brioscaí

coinnle

ribín

bronntanais

milseáin

líomanáid

ispíní beaga

UACHTAR REOITE

meireang

rollaí ispín

píotsa

uachtar reoite

éadach boird

ciseán

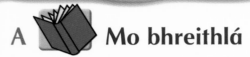
A Mo bhreithlá

Dia duit! Neasa is ainm dom. Bhí mo bhreithlá ann inné. Breithlá Rossa a bhí ann freisin. Bhí mé deich mbliana d'aois. Bhí féasta ar siúl i mo theach. Tháinig mo chairde go dtí an féasta. Thug siad bronntanais dom.

Seo dlúthdhiosca duit.

Seo leabhar duit.

Seo bosca crián duit.

Seo t-léine duit.

Seo póstaer duit.

Seo mála duit.

Bhíomar ag súgradh sa ghairdín. Tháinig Mamaí amach. 'Isteach libh, a pháistí,' arsa Mamaí. Ritheamar isteach sa chistin.

Bhí cáca milis ar an mbord.
Bhí deich gcoinneal ar an gcáca.
Thosaigh mo chairde ag canadh.
Mhúch mise agus Rossa na coinnle.
Shuíomar síos agus thosaíomar ag ithe.
'Bhí an féasta sin go hálainn,' arsa na páistí.
Ansin chuamar amach sa ghairdín arís.

Lá breithe sona duit.

Rith Gordó isteach sa chistin.
Léim sé suas ar an mbord.
D'ith sé ceapairí agus brioscaí.
D'ith sé uachtar reoite agus sceallóga.
D'ith sé ispíní agus an cáca milis.
Ansin, d'ith sé an meireang.

Ar a sé a chlog, chuaigh mo chairde abhaile.
Bhí ocras orm. Shiúil mé isteach sa chistin.
Bhí an chistin trína chéile.
Bhí Gordó ina chodladh sa chiseán.
Ach, bhí píosa beag meireang ar a shrón.

B 🙂 Cúpla ceist

1. Cén aois a bhí ag Neasa?

   Bhí Neasa _____

2. Cad a bhí ar siúl sa teach?

   Bhí _____

3. Cé a thug mála do Neasa?

   Thug _____

4. Cad a thug Aoife do Neasa?

   Thug _____

5. Cá raibh na páistí ag súgradh?

   Bhí _____

6. Cathain a chuaigh na cairde abhaile?

   Chuaigh _____

7. Cá raibh Gordó ina chodladh?

   Bhí _____

8. Céard a bhí ar a shrón?

   Bhí _____

C [Seo leat...] Isteach libh.   Amach libh.

Tarraing pictiúr

Tarraing pictiúr

Isteach libh.   Isteach libh.   Amach libh.   Amach libh.

mé	sinn		mé	sinn
thug mé	thugamar		thosaigh mé	thosaíomar
d'ól mé	d'ólamar		cheannaigh mé	cheannaíomar
rith mé	ritheamar		bhailigh mé	bhailíomar
d'ith mé	d'itheamar		shuigh mé	shuíomar
bhí mé	bhíomar		chuaigh mé	chuamar

E **Líon na bearnaí.**

_____ D'ól mé _____ an bainne.

_____ go dtí an siopa.

_____ dlúthdhiosca nua.

_____ D'ólamar _____ an líomanáid.

_____ abhaile.

_____ ceamara nua.

_____ ar an stól.

_____ an meireang.

_____ mála nua do Neasa.

_____ ar an gcathaoir.

_____ na sceallóga.

_____ ceamara do Neasa.

F **Bhí an féasta sin go hálainn.**

| cupán tae | sceallóga | cáca | ceapaire | dinnéar | líomanáid |

Scríobh an focal ceart.

Bhí an _____ sin go hálainn.

Bhí an _____ sin go hálainn.

Bhí an _____ sin go hálainn.

Bhí na _____ sin go hálainn.

Bhí an _____ sin go hálainn.

Bhí an _____ sin go hálainn.

G Mo Bhreithlá

Mo bhreithlá inniu.
Beidh féasta i mo theach.
Táim deich mbliana d'aois
Ar mhaith leat teacht?

Bia deas ar an mbord
Ceapairí is cáca.
Ith leat go tapa
Seo – líon do phláta!

Ar a trí a chlog
Beidh spórt is cluichí.
Beidh ceol agus craic
Ar siúl sa ghairdín.

An ghrian ag dul faoi
Slán le mo chairde.
Bhí féasta i mo theach
Agus bhí sé go hálainn.

Seán Máirtín

2. Am Dinnéir

fuinneog

oigheann

clog

citeal

crúiscín

tae

sáspan

cupán

caife

fochupán

friochtán

cuntar

siúcra

arán

subh

glóthach

spúnóg

bosca bruscair

forc

pláta

scian

mias

8

cúinne

doras

seilf

iarann

cuisneoir

cáis

naprún

cófra

bainne

ispíní

slisní

uachtar

scuab

im

doirteal

reoiteoir

meaisín níocháin

bord iarnála

uachtar reoite

citseap

glasraí

borgaire

gloine

stól

sceallóga

anlann

piobar

salann

prátaí

A 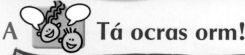 Tá ocras orm!

Bhí Daidí sa chistin.
Bhí sé ag ullmhú an dinnéir.

Bhí Rossa sa chistin freisin.
Bhí sé ina shuí ag an mbord.
Bhí an obair bhaile á déanamh aige.

Rossa	Cén t-am é, a Dhaidí?
Daidí	Tá sé a cúig a chlog.
Rossa	Tá ocras orm, a Dhaidí!
Daidí	Mo thrua thú!
Rossa	An bhfuil an dinnéar réidh fós?
Daidí	Níl, ach tá sé beagnach réidh.
Rossa	Ach tá ocras orm!
	Déanfaidh mé ceapaire.
Daidí	Ach tá an dinnéar beagnach réidh.
Rossa	Ceapaire beag...
	tabhair dom an t-arán, más é do thoil é.
Daidí	Seo duit.
Rossa	Cá bhfuil an scian?
Daidí	Sa tarraiceán.
Rossa	Cá bhfuil an t-im?
Daidí	Sa chuisneoir.
Rossa	Cá bhfuil an tsubh?
Daidí	Ar an gcuntar.
Rossa	Cá bhfuil an pláta?
Daidí	Rossa!
Rossa	Ceart go leor.

Rinne Rossa ceapaire mór agus thosaigh sé ag ithe.

Rossa	Ó, bhí an ceapaire sin go hálainn.
Daidí	Go maith, ach tá an dinnéar réidh.
Rossa	Ach níl ocras orm anois!

B 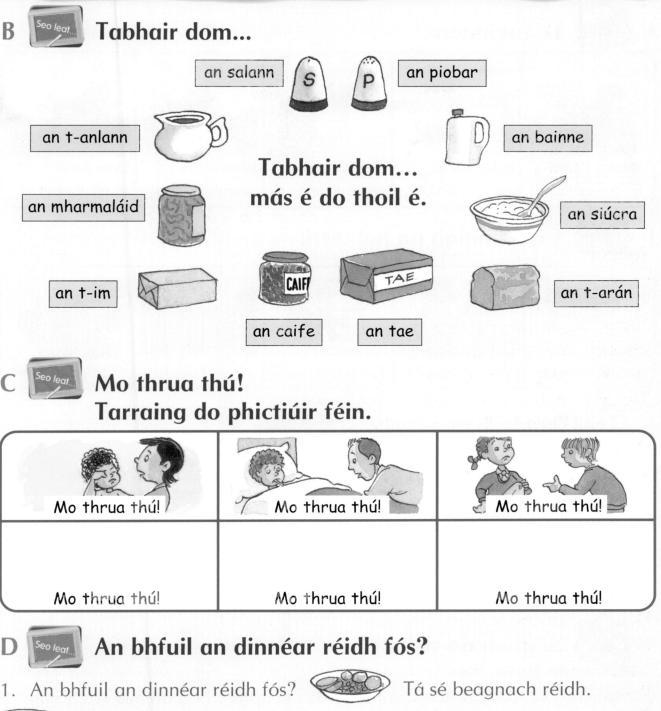 Tabhair dom...

an salann   S   P   an piobar

an t-anlann

an bainne

an mharmaláid

an siúcra

an t-im

an t-arán

an caife   an tae

**Tabhair dom...
más é do thoil é.**

C Mo thrua thú!
Tarraing do phictiúir féin.

Mo thrua thú!	Mo thrua thú!	Mo thrua thú!
Mo thrua thú!	Mo thrua thú!	Mo thrua thú!

D An bhfuil an dinnéar réidh fós?

1. An bhfuil an dinnéar réidh fós? Tá sé beagnach réidh.

2. An bhfuil an _____ réidh fós?   Tá sé _____ réidh.

3. An bhfuil an _____ réidh fós?   Tá sé _____ _____

4. An bhfuil na _____ réidh fós?   Tá siad beagnach _____

5. An bhfuil an _____ réidh fós?   Tá sé beagnach _____

6. An bhfuil na _____ réidh fós?   Tá siad _____ _____

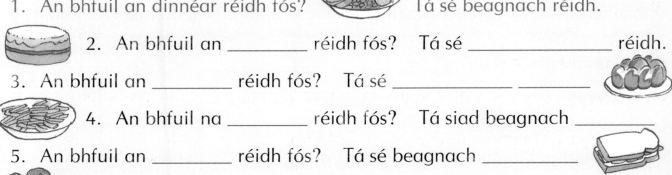

 **Le foghlaim**

ar an	faoin	ag an	thar an	as an

Shuigh Gordó	Luigh Gordó	Sheas Gordó	Léim Gordó	Léim Gordó
ar an gcathaoir.	faoin mbord.	ag an gcrann.	thar an ngeata.	as an gciseán.

F **Críochnaigh na habairtí.**

as an mbosca	ar an mballa	faoin gcathaoir	ag an ngeata	thar an gcrann

1. D'eitil éinín _____

 2. Sheas an múinteoir _____

3. Shuigh na páistí _____

 4. Thóg Neasa an cáca milis _____

5. Sheas an cat _____

G **Scríobh an scéal.**

dinnéar	sé	D'ith	sa chistin	ocras	ceapaire	ag an mbord	Rinne

Bhí Mamaí agus Neasa _____. _____

Neasa ceapaire mór. Chuir sí an  _____ ar an bpláta.

Shuigh sí síos _____ _____ _____. _____

sí an ceapaire. Bhí an dinnéar réidh ar a _____ a chlog. Ní raibh

 _____ ar Neasa. Níor ith sí an  _____.

12

H **Cé a dúirt é seo? Scríobh an uimhir cheart sna ciorcail chainte sa phictiúr thíos.**

1. 'Is maith liom sceallóga.'

   Clíona

2. 'Tabhair dom an salann, más é do thoil é.'

   _____

3. 'Cá bhfuil an spúnóg?'

   _____

4. 'Bhí an dinnéar sin go hálainn.'

   _____

5. 'Déanfaidh mé ceapaire.'

6. 'Seo duit.'

   _____

I **Cuir X ar na sé bhotún sa phictiúr.**

3. Tinn sa Leaba

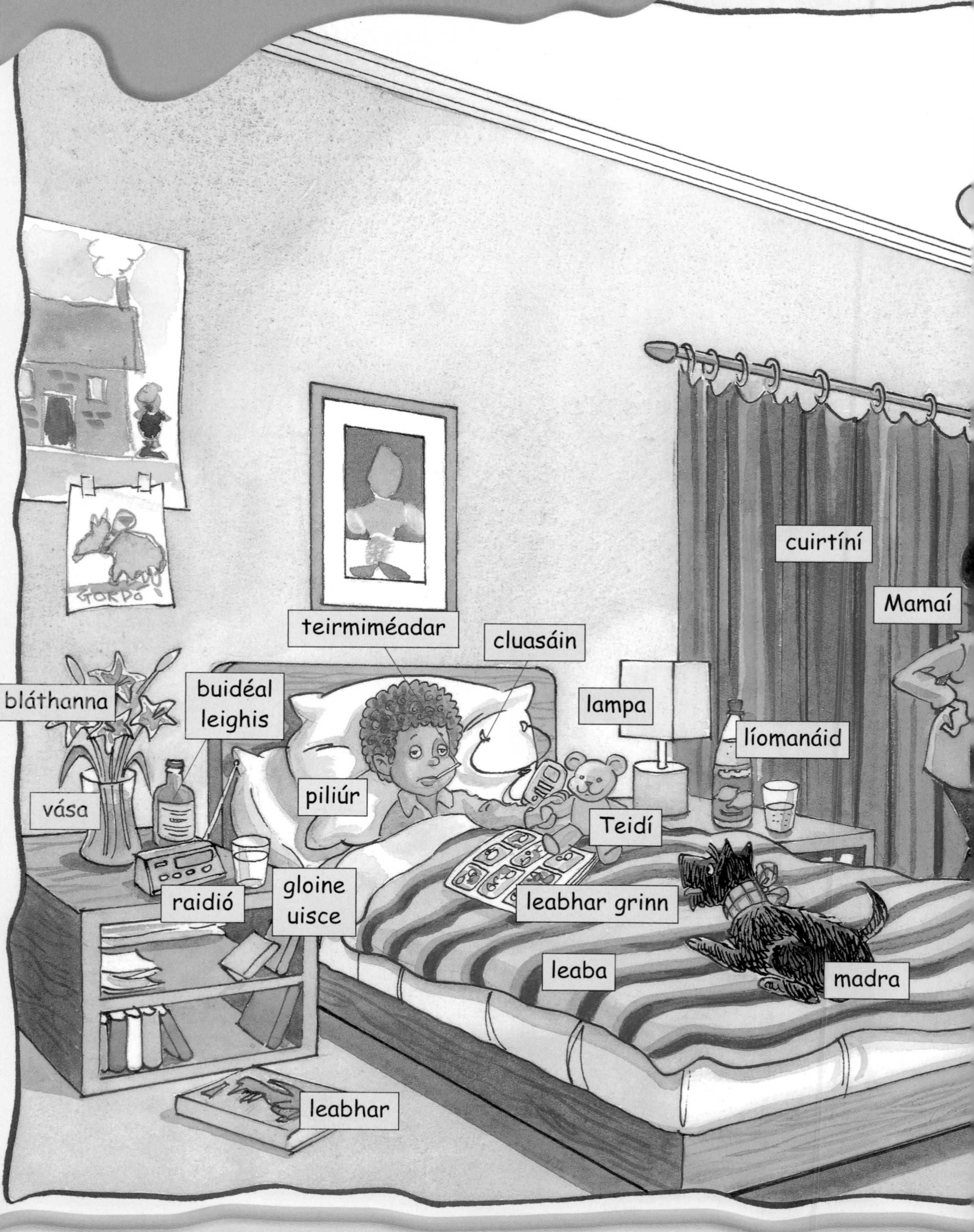

cuirtíní

Mamaí

teirmiméadar

cluasáin

bláthanna

buidéal leighis

lampa

líomanáid

vása

piliúr

Teidí

raidió

gloine uisce

leabhar grinn

leaba

madra

leabhar

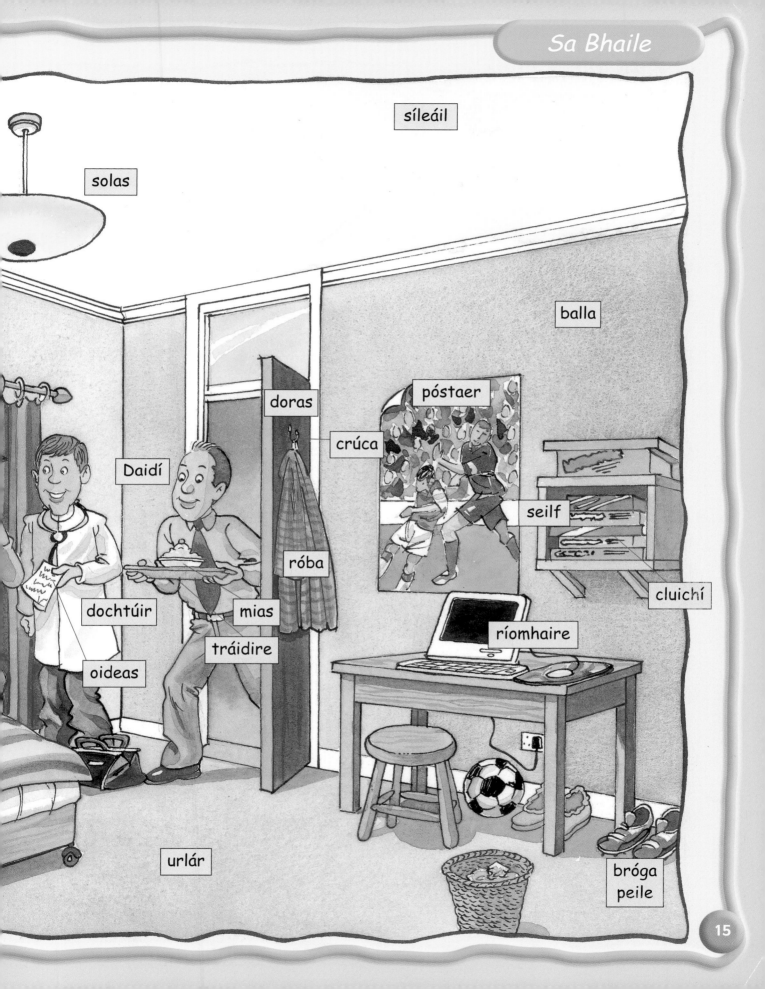

síleáil

solas

balla

doras

póstaer

crúca

Daidí

seilf

róba

cluichí

dochtúir

mias

ríomhaire

tráidire

oideas

urlár

bróga peile

A Tinn sa leaba

Dia duit! Rossa anseo.
Bhí mé tinn sa leaba.

Tháinig mo chairde ar cuairt.
Thug siad líomanáid agus leabhar grinn dom.

Eimear	Conas tá tú, a Rossa?
Rossa	Go huafásach.
Colm	Cad atá cearr leat?
Rossa	Níl a fhios agam, ach nílim ar fónamh.
Mamaí	Seo é an dochtúir, a Rossa.
	Amach libh, a pháistí.
Dochtúir	Rossa, mo thrua thú! Tá scornach thinn ort.
	A Mhamaí, seo oideas duit.
	Faigh an buidéal leighis seo.
Rossa	Ó, is fuath liom buidéal leighis.
Dochtúir	Beidh tú ceart go leor an tseachtain seo chugainn.
	Ach, fan sa leaba agus tabhair aire duit féin.
Rossa	Tá go maith.
Mamaí	Slán leat, a dhochtúir, agus go raibh míle maith agat.
Dochtúir	Tá fáilte romhat. Slán leat, a Rossa.
Rossa	Slán!

Chuaigh an dochtúir abhaile ar a cúig a chlog.

Daidí	Seo uachtar reoite duit, a Rossa.
Rossa	Go raibh maith agat, a Dhaidí. Mise bocht.
Colm	Conas tá tú anois, a Rossa?
Rossa	Nílim go maith ach beidh mé ceart go leor.
Eimear	Mo thrua thú!

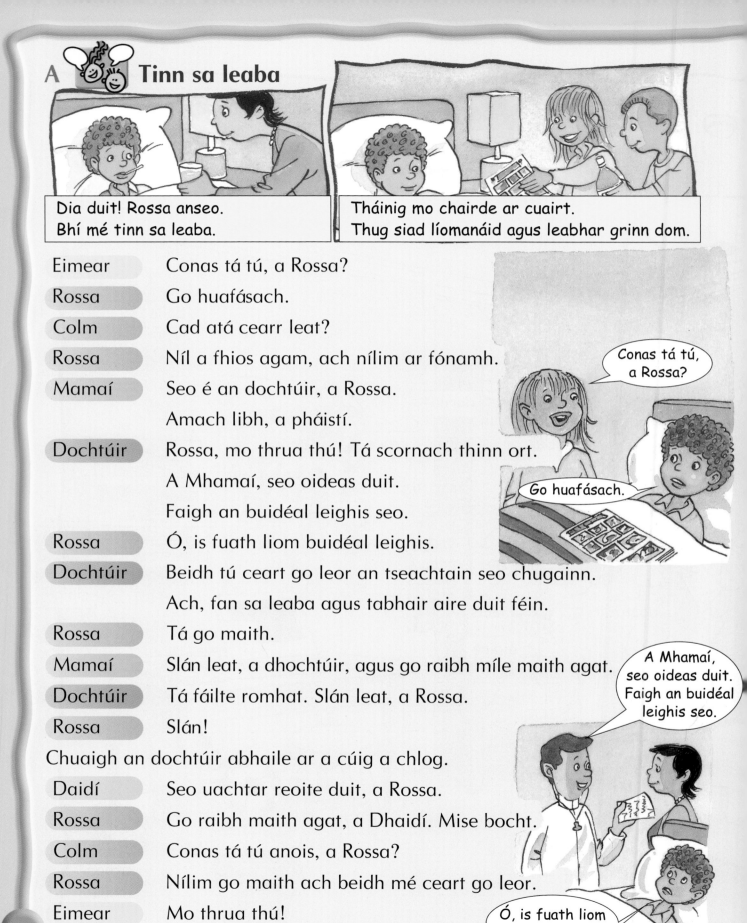

Conas tá tú, a Rossa?

Go huafásach.

A Mhamaí, seo oideas duit. Faigh an buidéal leighis seo.

Ó, is fuath liom buidéal leighis.

B Cúpla ceist

1. Cé a bhí tinn sa leaba?

   Bhí _____

2. Cé a tháinig ar cuairt?

   Tháinig _____

3. Céard a thug na cairde do Rossa?

   Thug _____

4. An raibh scornach thinn ar Rossa?

   Bhí _____

5. Céard a thug an dochtúir do Mhamaí?

   Thug _____

6. An maith le Rossa buidéal leighis?

   Ní _____

7. Cathain a chuaigh an dochtúir abhaile?

   Chuaigh _____

8. Ar thug Mamaí uachtar reoite do Rossa?

   Níor thug _____

C Tháinig mo chairde *ar cuairt.*

1. Tháinig _____ ar cuairt.

2. Tháinig _____ ar cuairt.

3. Tháinig _____ ar cuairt.

4. Tháinig _____ agus _____ ____ _____

5. Tháinig _____

6. _____

17

D Le foghlaim

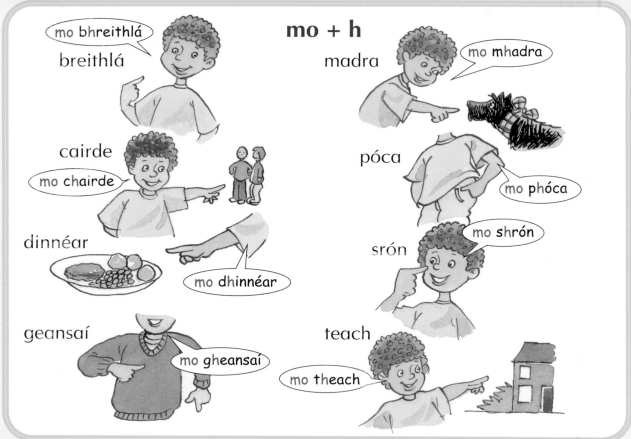

mo bhreithlá

breithlá

mo + h

madra — mo mhadra

cairde — mo chairde

póca — mo phóca

dinnéar — mo dhinnéar

srón — mo shrón

geansaí — mo gheansaí

teach — mo theach

E Líon na bearnaí.

1. Beidh _____ _____ ann amárach.

2. D'ith mé _____ _____

3. Is maith liom _____ _____ nua.

4. Gordó is ainm do _____ _____

5. Chuir mé euro i _____ _____

6. Bhris mé _____ _____

7. Tháinig _____ _____ go dtí an féasta.

8. Rith mé isteach i _____ _____

F **Seo leat..** Conas tá tú?

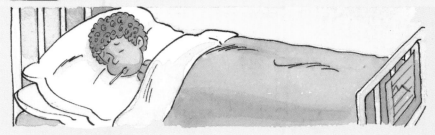

Táim tinn.

Nílim ar fónamh.

Nílim go maith.

Go huafásach.

Táim cuíosach.

Táim ceart go leor.

Táim níos fearr.

Táim go maith, go raibh maith agat.

Táim go breá, go raibh maith agat.

Táim go breá, buíochas le Dia.

Táim ar fheabhas.

Táim go hiontach.

Conas tá tú féin inniu?

An raibh tú tinn sa leaba? Cad a bhí cearr leat?

An raibh tú san ospidéal? Cén fáth?

G  Táim láidir.

'Táim láidir,' arsa an bláth.

Nuair a shéid an ghaoth.

Ach tháinig bó

Agus d'ith sí é.

'Táim láidir,' arsa an bhó.

Sa pháirc ina luí.

Ach tháinig fear

Agus mharaigh sé í.

'Táim láidir,' arsa an fear.

Lena mhac Tomás.

Ach tháinig an lá

Agus fuair sé bás.

'Níl aon duine láidir.

Níl ionainn ach cré.

Níl aon duine láidir

Ach Críost Mac Dé.'

Lionard Ó hAnnaidh

4. Obair Bhaile

A 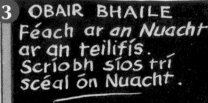 Léigh an scéal.

1

Bhí sé a dó a chlog. Bhí Neasa ar scoil.

2

Bhí sí ag scríobh ina cóipleabhar.

3

OBAIR BHAILE
Féach ar *an Nuacht* ar an teilifís.
Scríobh síos trí scéal ón *Nuacht*.

Scríobh an múinteoir an obair bhaile ar an gclár dubh.

4

Chuaigh Neasa agus Rossa abhaile ar a trí a chlog.

5

Bhí Mamaí agus Gordó ag an doras. Chuaigh na páistí isteach sa teach.

6

Shuigh Rossa síos ag an mbord ar a ceathair a chlog.

7

Thóg sé cóipleabhar as a mhála. Rinne sé an obair bhaile.

8

Chuaigh Neasa isteach sa seomra suí. Chas sí an teilifís ar siúl.

B Cúpla ceist

1. Cá raibh Neasa agus Rossa?

_____

2. Cé a scríobh an obair bhaile ar an gclár dubh?

_____

3. Cathain a chuaigh Neasa agus Rossa abhaile ón scoil?

_____

4. Cár shuigh Rossa?

_____

5. An raibh spéaclaí ar Neasa?

_____

6. Ar chuir Neasa an teilifís ar siúl?

_____

7. Cén clár a bhí ar siúl ar an teilifís?

_____

8. An raibh Neasa ag obair?

_____

C Athscríobh na habairtí.

1. na spéaclaí   Chuir   uirthi   an príomhoide   ar maidin

_____

2. inné   ar an gclárdubh   an scéal   an múinteoir   Scríobh

_____

3. ar a trí a chlog   ar siúl   Chuir   an teilifís   Mamó

_____

4. an obair bhaile   críochnaithe   ar a cúig a chlog   Bhí

_____

D B'fhéidir go bhfuil…

Cá bhfuil na páistí?	Cá bhfuil Gordó?	Cá bhfuil Séimí?
B'fhéidir go bhfuil siad sa seomra suí. ?	B'fhéidir go bhfuil Gordó sa ghairdín. ?	B'fhéidir go bhfuil Séimí sa leaba. ?

1. Cá bhfuil an príomhoide?
   B'fhéidir go bhfuil _____

2. Cá bhfuil Mamó?
   B'fhéidir go bhfuil _____

3. Cá bhfuil Clíona?
   B'fhéidir _____

E Líon na bearnaí agus scríobh an scéal.

> *Nuacht*   ag an mbord   Déardaoin   arsa   Daidí
> obair bhaile   dó   sa chistin   leabhar nótaí   Maith thú!
> Neasa   teilifís   ag obair   abhaile   Shuigh   seomra suí

An _____ a bhí ann. Bhí sé ceathrú tar éis a _____. Bhí Neasa _____ _____ ar scoil. Scríobh an múinteoir an _____ _____ ar an gclár dubh. Chuaigh Rossa agus Neasa _____. Shuigh Rossa ag an mbord agus rinne sé an obair bhaile. 'Is fuath liom obair bhaile,' _____ Rossa. 'Mo thrua thú,' arsa Neasa. Chuir Neasa an _____ ar siúl. Chuir sí uirthi a spéaclaí agus d'fhéach sí ar *An* _____. Scríobh sí síos trí scéal. Bhí Mamaí agus Daidí _____ _____. 'Cá bhfuil Neasa agus Rossa?' arsa _____. 'B'fhéidir go bhfuil siad sa seomra suí,' arsa Mamaí. Tháinig Daidí isteach sa _____ _____. Bhí Neasa ag féachaint ar an teilifís. Bhí Rossa ag obair _____ _____ _____. 'Maith thú, a Rossa,' arsa Daidí. D'fhéach sé ar _____. 'Cad atá á dhéanamh agat, a Neasa?' arsa Daidí. 'Obair bhaile,' arsa Neasa. _____ Daidí síos ar an tolg. Thaispeáin Neasa an _____ _____ do Dhaidí. '_____ _____,' arsa Daidí.

F Le foghlaim

le	mé	tú	sé	sí
	liom	leat	leis	léi
Is maith le Séimí subh.	Is maith liom subh.	Is maith leat subh.	Is maith leis subh.	Is maith léi subh.

G Líon na bearnaí.

mé: Is maith _____ obair bhaile.	mé: Is maith _____ úlla.
tú: Is maith _____ obair bhaile.	tú: Is maith _____ sceallóga.
sé: Is maith _____ obair bhaile.	sé: Is maith _____ uachtar reoite.
sí: Is maith _____ obair bhaile.	sí: Is maith _____ bainne.

H Is fuath liom...

1. Is fuath liom _____   ach is maith liom _____

2. Is fuath liom _____   ach is maith liom _____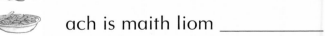

3. Is fuath liom _____   ach is maith liom _____

4. Is fuath liom _____   ach is maith liom _____

5. Is fuath liom _____   ach is maith liom _____

I   Feach ar amchlár na teilifíse. Freagair na ceisteanna.

TG4
5:00   SpongeBob Squarepants
5:15   Pop 4
6:00   *An Nuacht*
6:30   An Aimsir
7:00   Bia's Bóthar
7:30   Euro Scéal

1. Cén t-am a thosaigh *An Nuacht*?

    _____

2. Cén t-am a chríochnaigh *An Nuacht*?

    _____

3. Cén clár a thosaigh ar a cúig a chlog?

    _____

4. Cén clár a chríochnaigh ar a seacht a chlog?

    _____

5. Cad a bhí ar siúl roimh *An Nuacht*?

    _____

6. Cad a bhí ar siúl ina diaidh?

    _____

J   Cén clár teilifíse is maith leat?

Is maith liom _____, _____ agus _____.
Ní maith liom _____, _____ ná _____.

K   Féach ar an nuachtán. Cad atá ar siúl ar *TG4* idir 4:00 agus 7:00 inniu?   Déan liosta.

1. _____   2. _____   3. _____

4. _____   5. _____   6. _____

7. _____   8. _____   q. _____

Súil Siar A

1. Thug   don .

_____

2. Shuigh ar an g inné.

_____

3. Chuaigh isteach inné.

_____

4. Mhúch   ar an gcáca.

_____

5. Chuir im agus subh ar ar maidin.

_____

6. Lean ag féachaint ar .

_____

B Briathra Beo

| Shiúil | D'ith | Thosaíomar | Rinne | Sheas | Chuir |

1. _____ ag obair sa seomra ranga inné.

2. _____ Gordó uachtar reoite agus cabáiste.

3. _____ na páistí abhaile ar a trí a chlog.

4. _____ an dochtúir ag an ngeata sa ghairdín.

5. _____ Clíona an teilifís ar siúl.

6. _____ Daidí ceapaire mór sa chistin inné.

C Athscríobh na habairtí seo.

1. Mamó   Rinne   ag am lóin   sa chistin   ceapaire

_____

2. cupán tae   inné   D'ól   san ospidéal   an bhanaltra

_____

3. bainne   ar maidin   Bhí   sa chuisneoir   im   agus

_____

4. fear an phoist   marmaláid   Chuir   inniu   ar an arán

_____

5. sceallóga   Daideo   agus   salann   D'ith   ar a sé a chlog

_____

6. leabhar grinn   inné   sa siopa   an buachaill   Cheannaigh

_____

D Líon na bearnaí.

Cheannaigh   an dochtúir   agus   seomra codlata
sa leaba   uachtar reoite   isteach   Thosaigh   an tseachtain
buidéal leighis   tinn   abhaile   an leaba   ag tafann

Bhí Clíona _____ _____. Tháinig Mamaí agus Gordó _____ sa seomra codlata. 'Conas tá tú?' arsa Mamaí. 'Táim _____,' arsa Clíona. Tháinig _____ _____ ar cuairt. 'Mo thrua thú,' arsa an dochtúir. Tá tú an-tinn. Beidh tú ceart go leor _____ _____ seo chugainn. Chuaigh an dochtúir _____. _____ Mamaí buidéal leighis. Thug sí an _____ _____ do Chlíona. 'Ní maith liom buidéal leighis,' arsa Clíona. 'Is maith liom _____ _____.' Thug Mamaí uachtar reoite do Chlíona. Ansin, chuaigh sí síos an staighre. Shuigh Gordó ar _____ _____. Tar éis tamaill, thosaigh Clíona _____ Gordó ag súgradh. Ar a sé a chlog, chuaigh Mamaí isteach sa _____ _____. Léim Clíona agus léim Gordó. 'Conas tá tú anois?' arsa Mamaí. 'Táim ceart go leor anois,' arsa Clíona. _____ Mamaí agus Clíona ag gáire. Thosaigh Gordó _____ _____.

5. Ag Dul ar Scoil

scamall

eitleán

clog na scoile

An Scoil

clogad

Fan liomsa.

mála scoile

camán

rothar

roth pollta

carr

A 🗣️ Cling! Cling!

An Déardaoin a bhí ann. Bhí Neasa, Rossa agus Clíona ag siúl ar scoil.
Tháinig Tomás ar scoil ar an traein. Chonaic Rossa a chara Tomás.
'Hi!' arsa Rossa. 'Fan liomsa.' D'fhan Tomás ar an gcosán. Chuaigh cúpla
carr thar bráid. Ní fhaca Rossa an rothar dubh ar an tsráid. Ní fhaca sé an
múinteoir ar an rothar. Amach le Rossa ar an tsráid. 'Cling, cling!' Phreab
Rossa san aer. Is beag nár thit an múinteoir den
rothar. Bhí náire ar Rossa. Stop an múinteoir.

Múinteoir	Is beag nár mharaigh mé thú!
Rossa	Tá brón orm, a mhúinteoir.
Múinteoir	Rossa, cá bhfuil do spéaclaí?
Rossa	Níl a fhios agam. B'fhéidir go bhfuil siad i mo mhála scoile.
Múinteoir	Cuir ort do spéaclaí agus bí cúramach.
Rossa	Ceart go leor, a mhúinteoir.
Múinteoir	Déan deifir! Isteach libh.

Rith na páistí isteach sa chlós. Bhuail clog na scoile ar a naoi a chlog.

B 🗣️ Cúpla ceist

1. Cén lá a bhí ann?

   _____

2. Cá raibh na páistí ag dul?

   _____

3. Cé a tháinig ar scoil ar an traein?

   _____

4. An bhfaca Rossa an múinteoir?

   _____

5. Cathain a bhuail clog na scoile?

   _____

Conas a tháinig tú ar scoil inniu?

 Shiúil mé ar scoil.	 Tháinig mé ar scoil sa charr.	 Tháinig mé ar scoil ar an mbus.
 Tháinig mé ar scoil ar an rothar.	 Tháinig mé ar scoil ar an traein.	 Tháinig mé ar scoil ar an tarracóir.
Tháinig mé ar scoil ar an ngluaisrothar.	 Tháinig mé ar scoil ar an eitleán.	Tháinig mé ar scoil ar scátaí.

D **Freagair na ceisteanna.**

1. Cé a tháinig ar scoil ar an mbus?

   Tháinig _____

2. Ar tháinig Cáit ar scoil ar an eitleán?

   Níor _____

3. Ar tháinig Neasa ar scoil ar an ngluaisrothar?

   _____

4. Cé a tháinig ar scoil sa charr?

   _____

5. Ar tháinig Niall ar scoil leis an múinteoir?

   _____

6. Conas a tháinig tusa ar scoil inniu?

   _____

	mé	tú	sé	sí
ag	agam	agat	aige	aici
Tá uachtar reoite ag na páistí.	Tá uachtar reoite agam.	Tá uachtar reoite agat.	Tá uachtar reoite aige.	Tá uachtar reoite aici.

F **Líon na bearnaí.**

mé: Bhí euro _____

tú: Bhí cóipleabhar _____

sé: Bhí mála scoile _____

sí: Bhí camán _____

G **Is beag nár thit an múinteoir den rothar.**
Ceangail.

 1. Is beag nár   thit Neasa den chathaoir.

 2. Is beag nár   thosaigh Mamó ag gáire.

 3. Is beag nár   thit an seanfhear ina chodladh.

 4. Is beag nár   shiúil Rossa amach ar an mbóthar.

 5. Is beag nár   thosaigh Séimí ag caoineadh.

H Seo leat... Cé atá sa scoil inniu? Conas a tháinig siad ar scoil?

múinteoir	rúnaí	leabharlannaí	príomhoide
cigire	feighlí	cúntóir ranga	múinteoir feabhais

1. Tháinig _____ ar scoil _____

2. Tháinig _____ ar scoil _____

3. Tháinig _____ ar scoil _____

4. Tháinig _____ ar scoil _____

5. Tháinig _____ ar scoil _____

6. Tháinig _____ ar scoil _____

7. Tháinig _____ ar scoil _____

8. Tháinig _____ ar scoil _____

I Trasna Anseo

Feicim rothar ar an tsráid.
Feicim carr ag dul thar bráid.
Fanaim ar an gcosán caol
Ionas go mbeidh mé saor ó bhaol.

Cling, cling an rothar, cling cling bhinn.
Bíp bíp an carr ag teannadh linn.
Slán ar dheis is slán ar chlé,
Slán ar dheis is ar aghaidh go réidh.

Seo é an zebra dubh is bán.
Seo é an áit a mbeimid slán.
Slán ar dheis is slán ar chlé,
Slán ar dheis is ar aghaidh go réidh.

Brian Ó Baoill

6. Séimí ar Strae

1 Bhí Neasa, Rossa agus Clíona ag dul ar scoil. Bhí culaith scoile ar gach páiste.

2 Bhí Séimí ag súgradh sa ghairdín le Gordó.

3 Dhún Daidí an geata agus thóg sé na héadaí den líne.

4 Nuair a chuaigh Daidí isteach sa chistin, thosaigh sé ag iarnáil.

5 Tar éis tamaill, d'fhéach sé amach an fhuinneog.

6 Cá bhfuil Séimi?

Bhí Séimí imithe! Bhí Gordó imithe freisin.

7 Séimí! Séimí! Cá bhfuil tú?

Chuir Daidí a chóta air agus rith sé amach an doras. Ghlaoigh sé ar Shéimí.

8 An bhfaca tú Séimí?

Ní fhaca mé.

Chonaic Daidí fear an phoist. Bhí mála litreacha aige.

34

9 Rith Daidí síos an bóthar. Bhí Séimí agus Gordó ag siúl ar an gcosán.

10 Cá bhfuil tú ag dul?

Táim ag dul ar scoil.

Ní raibh bróg ná stoca ar Shéimí, ach bhí mála scoile ar a dhroim.

11 Tabhair dom an mála scoile. Rachaimid abhaile.

Thug sé an mála scoile do Dhaidí.

12 Tá brón orm!

Tá sé sin ceart go leor.

Thosaigh Séimí ag caoineadh.

13 Rug Daidí ar lámh Shéimí agus chuaigh an bheirt acu abhaile.

14 Chuir Daidí stocaí agus bróga ar Shéimí. Ansin chuir sé bríste, léine agus geansaí nua air.

15 hug Daidí brioscaí agus bainne do Shéimí. hug sé brioscaí do Ghordó freisin.

16 Chuir Daidí cóta agus lámhainní ar Shéimí. Ansin thosaigh Séimí ag súgradh le Gordó arís.

35

B Cúpla ceist

1. Cé a bhí ag dul ar scoil?

   _____

2. Cá raibh Séimí agus Gordó?

   _____

3. Céard a rinne Daidí sa ghairdín?

   _____

4. Céard a rinne Daidí sa chistin?

   _____

5. Ar rith Daidí síos an bóthar?

   _____

6. Cé a bhí ag siúl ar an gcosán?

   _____

7. Cé a thosaigh ag caoineadh?

   _____

8. Cad a thug Daidí do Shéimí?

   _____

C Seo leat... Rachaimid abhaile.

| an leabharlann | an scoil | an siopa cácaí | an choill | an féasta | an t-ospidéal |

1. Rachaimid go dtí _____

    2. Rachaimid go dtí _____

3. _____ go dtí _____

    4. _____ go dtí _____

5. Rachaimid _____

    6. _____

36

D **Nuair a chuaigh Daidí isteach sa chistin, thosaigh sé ag iarnáil.**

> Chuaigh Daidí isteach sa chistin.   Thosaigh sé ag iarnáil.
>
> Nuair a + Chuaigh Daidí isteach sa chistin. + Thosaigh sé ag iarnáil.
>
> ⇨ Nuair a chuaigh Daidí isteach sa chistin, thosaigh sé ag iarnáil.

E **Críochnaigh na habairtí.**

1. Tháinig an múinteoir isteach.   +   Thosaigh na páistí ag obair.

   Nuair a tháinig an múinteoir isteach, _____

2. Shuigh Rossa síos.   +   D'fhéach sé ar an teilifís.

   Nuair a _____, d'fhéach sé ar an teilifís.

3. Chuaigh Mamaí abhaile.   +   Rinne sí ceapaire.

   Nuair a _____, _____

4. Thug Daidí euro dom.   +   Chuaigh mé go dtí an siopa.

   Nuair a _____, _____

5. Chuaigh na páistí abhaile.   +   Shuigh siad síos sa seomra suí.

   Nuair a _____, _____

   Cum abairt ag tosú le 'Nuair a'.

   Nuair a _____, _____

F **Tá brón orm!**

Tarraing

G Le foghlaim

	mé	tú	sé	sí
ar	orm	ort	air	uirthi
Tá geansaí ar an mbábóg.	Tá geansaí orm.	Tá geansaí ort.	Tá geansaí air.	Tá geansaí uirthi.

Líon na bearnaí.

mé: Tá bróga _____	mé: Bhí áthas _____
tú: Tá bróga _____	tú: Bhí brón _____
sé: Tá bróga _____	sé: Bhí fearg _____
sí: Tá bróga _____	sí: Bhí eagla _____

H Athscríobh na habairtí.

1. Mamaí   sa chistin   Bhí   ar a seacht a chlog   ag iarnáil

_____

2. síos an bóthar   Chonaic   ag siúl   fear an phoist   na páistí

_____

3. ar a dhroim   Chuir   mála scoile   ar maidin   Rossa

_____

4. na héadaí   Neasa   Thóg   ar a dó a chlog   den líne

_____

geansaí

sciorta

stocaí

léine

bríste

bróga

carbhat

culaith spóirt

t-léine

bróga reatha

J **An bhfaca tú mo Shéamaisín?**

An bhfaca tú mo Shéamaisín,
Mo mhaicín óg, mo bhuachaillín,
An bhfaca tú mo Shéamaisín,
Is é ag dul síos an bóthar?

Níl bróg ná stoca ar a dhá choisín,
A dhá choisín, a dhá choisín.
Níl bróg ná stoca ar a dhá choisín.
Níl hata air ná cóta.

Ar a dhroim tá máilín beag,
Tá máilín beag, tá máilín beag,
Ar a dhroim tá máilín beag,
Is a lóinín ann is dócha!

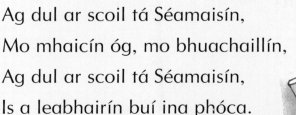

Ag dul ar scoil tá Séamaisín,
Mo mhaicín óg, mo bhuachaillín,
Ag dul ar scoil tá Séamaisín,
Is a leabhairín buí ina phóca.

An bhfaca tú mo Shéamaisín,
Mo mhaicín óg, mo bhuachaillín,
An bhfaca tú mo Shéamaisín,
Is é ag dul síos an bóthar?

7. Ceann Cipín!

A  **Léigh an scéal.**

1

LÁ SPÓIRT

An Déardaoin a bhí ann.
Bhí lá spóirt ar siúl sa scoil.

2

Nuair a shroich Dónal an scoil,
léim sé as an gcarr.

3

Slán leat a Dhaidí.

D'fhág Dónal slán le Daidí
agus dhún sé an doras.

4

Thiomáin Daidí síos an bóthar.
Chonaic Dónal a mhála spóirt sa
charr, ach lean Daidí air ag tiomáint.

5

Cad a dhéanfaidh mé?

Is beag nár thosaigh Dónal ag caoineadh.

6

Cad atá cearr leat?

Rinne mé dearmad ar mo mhála spóirt.

7 Tar éis cúpla nóiméad tháinig Daidí ar ais. Léim sé as an gcarr.

8 Ceann cipín! Rinne tú dearmad ar do mhála spóirt.

Thosaigh sé ag caint le Dónal.

9 Go raibh maith agat, a Dhaidí.

Thug Daidí an mála spóirt dó.

10 Tá fáilte romhat!

Bhí áthas an domhain ar Dhónal.

B Cúpla ceist

1. Céard a bhí ar siúl sa scoil?

   _____

2. Cad a rinne Dónal nuair a shroich sé an scoil?

   _____

3. Ar dhún Daidí an doras?

   _____

4. Cá bhfaca Dónal a mhála spóirt?

   _____

5. Ar thosaigh Dónal ag caoineadh?

   _____

6. Cé a bhí ag caint le Dónal?

   _____

7. Ar tháinig Daidí ar ais?

   _____

8. An raibh fearg ar Dhaidí?

   _____

C **Líon na bearnaí.**

| clogad | feadóg | scátaí | camán | geansaí spóirt |

1. Rinne dearmad ar na

_____

2. D'fhág   ar an gcuntar.

_____

3. Thug   don mhúinteoir.

_____

4. Chuir   isteach sa charr.

_____

5. Cheannaigh   sa siopa inné.

_____

D **Rinne mé dearmad ar…**

| mo spéaclaí | mo mhála scoile | obair bhaile |
| m'uaireadóir | mo lón | mo bhróga peile |

1. Rinne mé dearmad ar _____

2. Rinne mé dearmad ar an _____

3. Rinne mé dearmad ar _____

4. Rinne mé dearmad ar _____

5. Rinne mé dearmad ar _____

6. Rinne mé dearmad ar _____

Bhí lá spóirt ar siúl sa scoil.

ag imirt peile | rás na sac | ag iománaíocht
rás bara rotha | ag imirt sacair | ag rásaíocht
rás trí chos | ag imirt cispheile | rás ubh agus spúnóg

Cad a bhí á dhéanamh ag na páistí? Bhí siad _____.

F   **Go raibh maith agat.   Tá fáilte romhat!**

G Le foghlaim

	mé	tú	sé	sí
do	dom	duit	dó	di
Thug Daidí ceapaire do Rossa.	Thug sé ceapaire dom.	Thug sé ceapaire duit.	Thug sé ceapaire dó.	Thug sé ceapaire di.

H Líon na bearnaí.

mé: Thug Gordó cnámh _____	mé: Thug Siobhán bronntanas _____
tú: Thug Gordó cnámh _____	tú: Thug Daidí euro _____
sé: Thug Gordó cnámh _____	sé: Thug Neasa an salann _____
sí: Thug Gordó cnámh _____	sí: Thug an múinteoir peann _____

I Athscríobh na habairtí.

1. lá spóirt   Bhí   sa scoil   ar siúl

_____

2. an bóthar   an múinteoir   síos   Thiomáin

_____

3. Clíona   ag gáire   thosaigh   Is beag nár

_____

J D'fhág Colm slán le Daidí.

1. D'fhág Rossa slán le Daidí.

2. D'fhág _____ slán le _____.

3. D'fhág _____ slán le _____.

4. D'fhág _____ slán leis _____.

5. D'fhág _____ slán leis _____.

6. D'fhág _____ slán le _____.

K Slán!

| Slán! | Slán go fóill! | Slán anois! | Slán abhaile! | Slán is beannacht! |

L An mála spóirt. Céard atá i ngach mála? Ceangail.

geansaí spóirt
camán
feadóg
liathróid pheile
clogad
sliotar
buidéal uisce
leabhar
culaith spóirt
scairf
bróga reatha
scátaí

B **Cum comhrá duit féin. Líon na bearnaí.**

... sa siopa éadaí, sa siopa cácaí, sa siopa bróg, sa siopa leabhar,

sa siopa nuachtán, san ollmhargadh.

Siopadóir	Dia duit.
Colm	Dia's Muire duit.
Siopadóir	Cad atá ag teastáil uait?
Colm	Tá _____ ag teastáil uaim, más é do thoil é.
Siopadóir	Duit féin, an ea?
Colm	Ní hea, do _____
Siopadóir	Seo duit – seo _____
Colm	Cén praghas atá ar _____?
Siopadóir	_____
Colm	Seo _____
Siopadóir	Agus seo an tsóinseáil – _____
Colm	Go raibh maith agat.
Siopadóir	Fáilte romhat.
Colm	Slán go fóill.
Siopadóir	Slán leat – tar ar ais arís!

C Seo leat **Duit féin, an ea?** **Sea.** **Ní hea.**

48

D Cúpla ceist

1. Cé a bhí ag siopadóireacht?

   _____

2. Cad a bhí ag teastáil uaithi?

   _____

3. Céard a cheannaigh Neasa?

   _____

4. Cé mhéad a bhí ar an leabhar?

   _____

5. Ar cheannaigh sí dlúthdhiosca freisin?

   _____

E Cad atá ag teastáil ó na páistí?
Tá milseáin ag teastáil ó na páistí.

cúig euro	cáca milis	liathróid	barra seacláide	sceallóga	leabhar

1. Tá ag teastáil ó

   _____

2. Tá ag teastáil ó

   _____

3. Tá ag teastáil ó

   _____

4. Tá ag teastáil ó

   _____

5. Tá €5 ag teastáil ó

   _____

6. Tá ag teastáil ó

   _____

F **Le foghlaim**

		mé	tú	sé	sí
ó	uaim	uait	uaidh	uaithi

Tá cóta nua ag teastáil ó na páistí.	Tá cóta nua ag teastáil uaim.	Tá cóta nua ag teastáil uait.	Tá cóta nua ag teastáil uaidh.	Tá cóta nua ag teastáil uaithi.

G  **Líon na bearnaí.**

uaithi	uaim	uait	uaidh

1. Chuaigh mé go dtí an siopa. Bhí peann luaidhe ag teastáil _____

2. Bhí tart ort. Bhí gloine bhainne ag teastáil _____

3. Bhí fiche euro ag Cáit. Bhí dlúthdhiosca ag teastáil _____

4. Bhí ocras ar Ghordó. Bhí cnámh ag teastáil _____

H **Athscríobh na habairtí.**

1. go dtí   na páistí   inné   an t-ollmhargadh   Chuaigh

   _____

2. leabhar nua   ó Cholm   Bhí   ag teastáil

   _____

3. bainne   Cheannaigh   san ollmhargadh   milseáin   agus   an bhanaltra

   _____

4. fiche euro don fhreastalaí   Thug   Niall   dó   agus   an tsóinseáil   thug sí

   _____

5. praghas   ar an leabhar   atá   más é do thoil é?   Cén

   _____

6. ag ól   Bhí   cupán tae   sa siopa   an siopadóir

   _____

I **Airgead!**

cent amháin	dhá cent	cúig cent	deich cent	fiche cent
caoga cent	euro	 cúig euro	 deich euro	 fiche euro

 Thug mé €20 don siopadóir. Cén tsóinseáil a fuair mé?

€19    €15   €10

sóinseáil _____   sóinseáil _____   sóinseáil _____

 Thug mé €1 don siopadóir. Cén tsóinseáil a fuair mé?

80c    50c    99c

sóinseáil _____   sóinseáil _____   sóinseáil _____

 Thug mé 50c don siopadóir. Cén tsóinseáil a fuair mé?

40c   48c    45c

sóinseáil _____   sóinseáil _____   sóinseáil _____

J **Céard a cheannaigh Neasa?**
Céard a cheannaigh Dónal?
Céard a cheannaigh Siobhán?

Súil Siar B

A Abairtí Iontacha

1. _____ an príomhoide
   ar fhear an phoist ar maidin.

   Chuir
   Ghlaoigh
   Thit

2. _____ an leabharlannaí
   an doras ar a dó a chlog.

   Dhún
   Chonaic
   Rith

3. _____ na páistí Gordó ina luí
   faoin mbord.

   Bhí
   Phreab
   Ní fhaca

4. _____ an rúnaí síos an bóthar
   ar a cúig a chlog.

   Bhuail
   Thiomáin
   Stop

5. _____ an cigire an carbhat
   ar an ngeata inné.

   Rinne
   Léim
   D'fhág

6. _____ an siopadóir
   an leabharlann ar a naoi a chlog.

   Shroich
   Thit
   Thosaigh

7. _____ an cúntóir ranga
   an cóipleabhar as an mála.

   Thóg
   Chuaigh
   Rinne

8. _____ an feighlí ar an gcluiche
   peile sa pháirc.

   Tháinig
   D'fhéach
   Bhí

B Líon na bearnaí.

1. 'Is maith _____ subh,' arsa Séimí.
2. Bhí mála nua ag Brian. Bhí mála nua _____.
3. 'An bhfuil eagla _____?' arsa Eimear le Colm.
4. Tá geansaí ar Neasa. Tá geansaí _____.
5. 'Tá peann nua ag teastáil _____,' arsa Cáit.
6. Thug an dochtúir buidéal leighis _____.

| agam / liom |
| aige / dó |
| uait / ort |
| uirthi / léi |
| dom / uaim |
| air / dó |

C Scríobh an scéal.

| ag siopadóireacht   bláthanna   an chlann   cáca milis |
| a bhí ann   Cheannaigh   fiche euro   leabhar |
| ceamara   sóinseáil   an t-ionad siopadóireachta |
| líomanáid   sa bhaile   áthas   bronntanais   d'ith |

Breithlá Mhamaí ___ _____ _____. Chuaigh Daidí agus na páistí go dtí

_____ _____ _____. D'fhan Mamaí agus Séimí

____ _____. Thosaigh na páistí ____ _____. Cheannaigh

Daidí _____ do Mhamaí. Bhí _____

nua ag teastáil ó Mhamaí freisin. _____ Rossa an leabhar do

Mhamaí. Thug sé _____ _____ don siopadóir.

Thug an siopadóir _____ de chúig euro do Rossa. Ansin,

cheannaigh Neasa _____ deasa sa siopa bláthanna. Ar a trí a chlog,

shuigh ____ _____ síos sa chaife. D'ól siad _____ agus

_____ siad bonnóga. Tar éis tamaill, chuaigh siad go dtí an siopa

cácaí. Cheannaigh Clíona _____ _____ do Mhamaí.

Nuair a chuaigh siad abhaile, thug siad na _____

do Mhamaí. Chan siad 'Lá breithe sona duit' agus bhí _____

ar Mhamaí.

53

9. Míreanna Mearaí

A  Léigh an scéal.

1

Lá gránna a bhí ann. Bhí sé scamallach agus bhí an bháisteach ag titim. Bhí an ghaoth ag séideadh.

2 Bhí Gordó amuigh sa ghairdín. Bhí sé sa chonchró. Bhí eagla air.

3 Chonaic na páistí tintreach agus chuala siad toirneach.

4 Thosaigh Gordó ag tafann agus rith sé timpeall an ghairdín.

5 Chuir Neasa buataisí agus cóta báistí uirthi. Fuair Rossa scáth báistí.

6 Chuaigh na páistí amach agus thug siad Gordó isteach sa teach.

7 Bhí Gordó fliuch go craiceann. Bhí Neasa agus Rossa tirim. Chuir Neasa Gordó ina luí os comhair na tine.

B  Cúpla ceist

1. Cén saghas lae a bhí ann?

   _____

2. Cá raibh Gordó?

   _____

3. Céard a chuala na páistí?

   _____

4. Cár rith Gordó?

   _____

5. Ar tháinig Gordó isteach sa teach?

   _____

6. Cad a bhí sa sean bhosca?

   _____

7. Cá raibh an píosa caillte?

   _____

8. An raibh an pictiúr go deas?

   _____

C Seo leat... Tá na míreanna mearaí seo go hiontach!

			Tarraing pictiúr
Tá an leabhar seo go hiontach!	Tá an cluiche seo go hiontach!	Tá an bronntanas seo go hiontach!	Tá _____ _____ go hiontach!

56

D **Cad atá á dhéanamh agaibh? Táimid ag _____.**

ag déanamh	ag troid	ag féachaint	ag éisteacht
ag siopadóireacht	ag rothaíocht	ag caoineadh	ag imirt

1. Táimid _____ san ollmhargadh.

 2. Táimid _____ ar an tsráid.

3. Táimid _____ ar an teilifís.

 4. Táimid _____ míreanna mearaí.

5. Táimid _____. Tá Gordó caillte!

 6. Táimid _____ leis an raidíó.

7. Táimid _____ sa chlós.

 8. Táimid _____ cartaí sa bhaile.

E **Chaith siad an tráthnóna ag déanamh míreanna mearaí.**

uair an chloig / cáca milis	an oíche / obair bhaile
cúpla lá / an tionscnamh	leathuair an chloig / crosfhocal

1. Chaith siad _____ ag déanamh _____

2. Chaith siad _____ ag déanamh _____

3. Chaith siad _____ ag déanamh _____

4. Chaith siad _____ ag déanamh _____

F **Le foghlaim**

Rug + ar …	D'fhéach + ar …	Ghlaoigh + ar …

Rug ar

Rug Mamaí ar an liathróid.

D'fhéach ar

D'fhéach na páistí ar an teilifís.

Ghlaoigh ar

Ghlaoigh an múinteoir ar na páistí.

G  **Líon na bearnaí.**

1. Rug an buachaill _____ an mála scoile.

2. D'fhéach Daidí _____ an gcluiche peile.

3. Ghlaoigh an múinteoir _____ Neasa agus Rossa.

4. _____ an cailín _____ an madra.

5. _____ an peileadóir _____ an liathróid.

6. _____ na páistí _____ an scannán.

7. _____ Daidí _____ lámh Shéimí.

H **Cén saghas lae a bhí ann?** **Lá gránna a bhí ann.**

| lá gaofar | lá fliuch | lá grianmhar | lá fuar | lá scamallach |

I **Líon isteach an chairt aimsire**

	Seachtain 1	Seachtain 2	Seachtain 3
An Luan			
An Mháirt			
An Chéadaoin			
An Déardaoin			
An Aoine			

59

10. An Nollaig

Réalta

na Trí Rí

na hAoirí

stábla

Iosaf

an t-Aingeal Gaibréal

asal

bó

lao

Muire

mainséar

Leanbh Íosa

uan

caora

Fadó, fadó, bhí cailín ina cónaí i Nasarat. Muire ab ainm di.
Bhí sí go hálainn agus bhí sí lán de ghrá.
Lá amháin, bhí Muire ag obair sa bhaile nuair a
tháinig an t-aingeal Gaibréal ar cuairt.

Gaibréal	Sé do bheatha, a Mhuire, atá lán de ghrásta.
Muire	Go bhfóire Dia orainn!
Scéalaí	Bhí eagla an domhain ar Mhuire nuair a chonaic sí an t-aingeal. Ach dúirt an t-aingeal: 'Ná bíodh eagla ort.'
Gaibréal	Ná bíodh eagla ort. Tá dea-scéal agam duit. Beidh leanbh agat, an leanbh Íosa.
Muire	Ceart go leor. Toil Dé go ndéantar.
Scéalaí	Bhí áthas ar Mhuire ansin, ach bhí eagla uirthi freisin. Nuair a tháinig Iosaf abhaile, d'inis sí an scéal dó.
Iosaf	Glóire do Dhia. Tá an scéal sin go hiontach.

****

Scéalaí	Lá amháin tar éis cúpla mí, tháinig Iosaf abhaile ar a cúig a chlog.
Muire	Cá raibh tú?
Iosaf	Bhí mé sa bhaile mór. Chuala mé scéal. Caithfimid dul go Beithil.
Muire	Cén fáth?

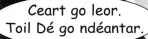

Iosaf	Tá Caesar Augustus ag áireamh na ndaoine. Caithfimid dul go Beithil anocht. Déan deifir!
Muire	Ceart go leor. Déanfaidh mé deifir agus rachaimid go Beithil ansin.

****

Scéalaí	An geimhreadh a bhí ann agus bhí sé fuar agus scamallach. Bhí sneachta ag titim. Thug Iosaf an t-asal leis agus chuaigh an chlann go Beithil.
Muire	Tá tuirse an domhain orm.
Iosaf	Tabhair dom do lámh. Suigh ar an asal agus beidh tú ceart go leor.
Scéalaí	Shroich Muire agus Iosaf Beithil ar leathuair tar éis a haon déag. Bhí siad fuar agus fliuch. Bhí ocras ar an mbeirt acu. Bhí an phríomhshráid lán le daoine. Bhí cearnóg an bhaile lán le daoine freisin.
Iosaf	Dia duit.
Fear an Tí 1	Cad atá ag teastáil uait?
Iosaf	Tá seomra ag teastáil uaim don oíche.
Fear an Tí 1	Cé mhéad airgid atá agat?
Iosaf	Níl aon airgead agam. Shiúlamar ó Nasarat agus tá an t-airgead caite.
Fear an Tí 1	Níl aon seomra sa teach seo anocht. Imigh leat.

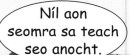

Níl aon seomra sa teach seo anocht.

Scéalaí	Chuaigh Muire agus Iosaf ó theach go teach. Stop siad ag teach beag eile.
Bean an Tí 1	Cad atá ag teastáil uait?
Iosaf	Tá seomra ag teastáil uaim, más é do thoil é.
Bean an Tí 1	Níl aon seomra sa bhaile mór seo anocht. Tá brón orm.

Scéalaí	Ní raibh aon seomra i mBeithil an oíche sin.
	Tar éis tamaill, shroich siad teach ósta beag.
	Bhí coinneal ar lasadh san fhuinneog.
	Bhuail Iosaf ar an doras.

Iosaf	Gabh mo leithscéal.
	Tá seomra ag teastáil uaim, más é do thoil é.
Fear an Tí 2	Duit féin, an ea?
Iosaf	Sea, agus do mo bhean chéile, Muire. Tá sí ag súil le leanbh.
Fear an Tí 2	Mo thrua thú, ach níl aon seomra sa teach seo anocht.
Scéalaí	Thosaigh Muire ag caoineadh. Thug Iosaf póg di.

Fear an Tí 2	Cad atá cearr leat? An bhfuil tú ceart go leor?
Muire	Níl. Tá ocras agus tart orm. Tá tuirse an domhain orm freisin.
	Táim ag súil le leanbh.
Iosaf	Stop den chaoineadh, a Mhuire. Beidh sé ceart go leor.
Fear an Tí 2	Fan nóiméad. Tá stábla beag agam ar chúl an tí.
	Tá sé an-bheag ach tá sé te agus tá sé glan.
Iosaf	Go raibh maith agat. Tá Muire bhocht trína chéile.
Scéalaí	Chuaigh an triúr acu go dtí an stábla.
	Bhí bó agus lao sa stábla ach bhí sé te agus glan.
	Bhí áthas an domhain ar Mhuire agus Iosaf.

Fear an Tí 2	Isteach libh sa stábla. Suigh síos anois agus lig do scíth, a Mhuire.
	Ar mhaith leat cupán tae?
Muire	Ba bhreá liom cupán tae. Go raibh míle maith agat.
Fear an Tí 2	An bhfuil aon rud eile ag teastáil uaibh?
Iosaf	Níl, go raibh maith agat. Déanfaimid leaba dheas
	sa stábla seo anocht.
	An bhfuil tú ceart go leor, a Mhuire?
Muire	Táim ceart go leor anois, buíochas le Dia.

Scéalaí	Shuigh Muire síos sa stábla.
	Ag meán oíche rugadh an Leanbh Íosa.
	Chuir Muire éadaí air agus chuir sí isteach sa mhainséar é.
	Go tobann, thosaigh slua aingeal ag canadh go hard sa spéir.
Scéalaí	Bhí na haoirí amuigh ar an sliabh.
	Bhí siad ag tabhairt aire do na caoirigh.
Aoire 1	Tá an spéir go hálainn anocht.
Aoire 2	Tá. Is breá liom oíche chiúin mar seo.
Scéalaí	Go tobann, chuala siad slua aingeal ag canadh.
	D'fhéach siad suas san aer.
Aoire 1	Féach ar na haingil sa spéir.
Aingeal	Ná bíodh eagla oraibh. Tá dea-scéal agam daoibh.
	Rugadh Slánaitheoir dúinn anocht.
	Rugadh an Leanbh Íosa i mBeithil.
Aoire 2	Buíochas mór le Dia. Rachaimid go Beithil. Ar aghaidh linn.
Aoire Óg	An bhfuil cead agam dul go Beithil in éineacht libh?
Aoire 1	Tá. Rachaimid go léir go Beithil.
Aoire Óg	Ó go hiontach! Is maith liom a bheith ag siúl san oíche.
Aoire 2	Déan deifir anois!
Aoire Óg	Tabharfaidh mé bronntanas d'Íosa. Tabharfaidh mé uan óg dó.
Aoire 2	Ceart go leor. Ar aghaidh linn anois.
Scéalaí	Chuaigh na haoirí go dtí an stábla.
	Chonaic siad an Leanbh Íosa ina luí sa stábla.
	Bhí sé ina chodladh go sámh.
Aoire Óg	Seo bronntanas don Leanbh Íosa – uan óg.
Muire agus Íosaf	Go raibh míle maith agat.
	Suigh síos anois agus lig do scíth.

****

Scéalaí	I dtír eile, bhí trí rí ag dul go Beithil freisin.
	Chonaic siad réalta gheal sa spéir agus lean siad í.
	Bhí tuirse an domhain orthu ach lean siad ag siúl.
Balthazar	Tá tuirse an domhain orm.
	Cá bhfuil Beithil?
	Cá bhfuil Slánaitheoir an domhain?
Caspar	Níl a fhios agam ach féach ar an réalta sa spéir.
	Lean an réalta.
Melchior	Ar aghaidh linn. Táimid beagnach ann.
Balthazar	Feicim rud éigin sa spéir. Réalta gheal os cionn an stábla.
Caspar	B'fhéidir go bhfuil an Leanbh Íosa sa stábla. Ar aghaidh linn.
Scéalaí	Is beag nár chas na trí rí ar ais, ach lean siad an réalta.
	Nuair a shroich na trí rí an stábla, bhí áthas an domhain orthu.
Melchior	Maith thú, Caspar. Fuair tú an stábla ina bhfuil an Leanbh Íosa.
Balthazar	Buíochas le Dia.
Caspar	Thángamar ar cuairt chuig Slánaitheoir an domhain.
	Cad is ainm dó?
Muire	Íosa is ainm dó. Íosa Críost.
Melchior	Tá sé go hálainn.
Muire	Tá, buíochas le Dia.
Balthazar	Seo bronntanas duit, a Leanbh Íosa – ór.
Caspar	Seo bronntanas duit, a Leanbh Íosa – túis.
Melchior	Seo bronntanas duit, a Leanbh Íosa – mior.
Muire agus Iosaf	Go raibh míle maith agaibh.
na Trí Rí	Tá fáilte romhaibh.
Cór	*Oíche chiúin, oíche Mhic Dé,*
	Cách 'na suan, dís araon,
	Dís is dílse faire le spéis,
	Naíon beag naígheal ceananntais caomh,
	Críost 'na chodladh go séimh,
	Críost 'na chodladh go séimh.

11. Peata Nua

A  Léigh an scéal.

1 Lá amháin, chonaic Neasa puisín beag dubh sa phóirse. Bhí dath glas ar a shúile.

2 Bhí ocras ar an bpuisín. Thug na páistí arán agus bainne dó.

3 Shuigh an puisín os comhair na tine. Bhí guairí fada air.

4 Guairí is ainm dó!

Thug na páistí Guairí mar ainm air. Tháinig Gordó isteach sa seomra suí.

5 Chonaic Gordó an puisín. Thosaigh sé ag troid le Guairí.

6 Stop den troid!

Bhí fearg ar Mhamaí.

7 Ar an Satharn, tháinig Aintín Orla ar cuairt. Shuigh Guairí in aice léi. Thosaigh Guairí ag crónán.

8 Tháinig Gordó isteach. Chonaic sé Guairí in aice le hAintín Orla.

9 Thosaigh Gordó ag tafann. Léim Guairí in airde san aer. Bhí eagla air.

10 Amach leat! Bíonn Gordó agus Guairí i gcónaí ag troid.

Tar anseo Guairí.

11 Ba mhaith liom peata.

Léim Guairí suas ar Aintín Orla. 'Ba mhaith liom peata a fháil,' arsa Aintín Orla.

12 Nuair a bhí Aintín Orla ag dul abhaile, thug na páistí Guairí di mar pheata.

13 Bhí brón ar na páistí ach bhí áthas ar Aintín Orla. Bhí áthas ar Ghuairí agus bhí áthas ar Ghordó freisin.

B Cúpla ceist

1. Céard a chonaic Neasa sa phóirse?

   _____

2. Céard a thug na páistí dó?

   _____

3. Cár shuigh an puisín?

   _____

4. Ar tháinig Mamó isteach sa seomra suí?

   _____

5. Céard a rinne Gordó nuair a tháinig sé isteach?

   _____

6. An raibh eagla ar Ghuairí?

   _____

7. Cé a tháinig ar cuairt?

   _____

8. Cé a thug Guairí d'Aintín Orla?

   _____

9. An raibh brón ar na páistí?

   _____

10. An raibh brón ar Ghordó?

   _____

C Tar anseo!

D Bíonn Gordó agus Guairí *i gcónaí* ag troid.

> léamh   caoineadh   ithe   ag caint   ag canadh   rith

1. Bíonn Neasa agus Colm i gcónaí _____

 2. Bíonn mo Dhaidí i gcónaí _____

3. Bíonn an múinteoir _____ ag _____

 4. Bíonn an bhanaltra _____ ag _____

5. Bíonn an capall _____ ag _____

 6. Bíonn an leanbh _____ ag _____

E Athscríobh na habairtí.

1. Thosaigh   inné.

   Thosaigh Gordó ag tafann sa seomra suí inné.

2. Thosaigh   ar maidin.

   _____

3. Thosaigh

   _____

4. _____   inné.

   _____

5. _____

   _____

6. _____ ar maidin.

   _____

F  Le foghlaim

Ar mhaith leat?

Ba mhaith liom   Níor mhaith liom

Ar mhaith leat peata a fháil?

Ba mhaith liom peata a fháil.   *Níor mhaith liom* peata a fháil.

G Líon na bearnaí.

1. Ar mhaith leat dul abhaile?   Ba _____
2. Ar mhaith leat dul go dtí an fiaclóir?   Níor _____
3. Ar mhaith leat na milseáin a ithe?   _____
4. Ar mhaith leat an ceapaire a ithe?   _____
5. Ar mhaith leat rothar nua a fháil?   _____
6. Ar mhaith leat obair bhaile a fháil?   _____
7. Ar mhaith leat teacht go dtí an féasta?   _____
8. Ar mhaith leat féachaint ar an teilifís?   _____
9. Ar mhaith leat leabhar a léamh?   _____
10. Ar mhaith leat gloine bhainne a ól?   _____

H Tarraing pictiúr de do pheata.

Líon na bearnaí.

mo pheata	peata	dubh	cnámh	Madra
cúig	bainne	bán	ag siúl	ag tafann	Dalmó

Mo Pheata

Tá _____ agam sa bhaile. _____ is ea é. Thug mé

_____ mar ainm air. Tá sé _____ bliana d'aois. Tá dath

_____ agus _____ air. Is maith leis dul ____ _____.

Nuair a bhíonn ocras air, itheann sé _____. Nuair a bhíonn tart air,

ólann sé _____. Nuair a thagann fear an phoist, tosaíonn sé ____

_____. Is breá liom ____ _____.

(a) An bhfuil peata agat sa bhaile? _____

(b) An bhfuil peata ag do mhúinteoir? _____

(c) An bhfuil peata ag do chara? _____

J

Trup, Trup, a chapaillín

Trup, trup a chapaillín,
Ar an mbóthar
Siúil go mall agus sodar go réidh
As go brách go barr Bhinn Éadair,
Tiocfaimid abhaile in am don tae.
Trup, trup, trup, trup, trup, trup, trup.

Stop! Stop! a chapaillín,
Seo é Binn Éadair,
Áit a mbíodh na filí fadó
Áit a mbíodh Fionn is na Fianna
Diarmaid agus Gráinne Óg
Trup, trup, trup, trup, trup, trup, trup.

Trup, trup a chapaillín,
Síos le fána,
Cosa in airde i ndeireadh an lae.
Oíche mhaith, a néalta bána
Fillfimid abhaile in am don tae.
Trup, trup, trup, trup, trup, trup, trup.

Brian Ó Baoill

12. Lón Neasa

1

arán

scian

tráta

An Mháirt a bhí ann.
Bhí sé a hocht a chlog.
Bhí Neasa sa chistin.

2 Thosaigh Neasa ag déanamh ceapaire.
Thóg sí píosa aráin agus chuir sí im air.

im

3 Ansin chuir sí cáis, tráta
agus leitís ar an arán.

leitís

cáis

tráta

4 Ansin chuir sí píosa aráin eile ar an
mbarr. Bhí ceapaire breá mór aici.

5 banana

Chuir sí an ceapaire sa bhosca
lóin. Chuir sí úll, oráiste agus
banana sa bhosca lóin fresin.

oráiste

úll

6 cuntar

bosca lóin

Rith Gordó
isteach sa chistin.
Thosaigh Neasa
ag súgradh leis.
D'fhág sí an bosca
lóin ar an gcuntar.

7

Brostaigh, a
Neasa.

Ceart go leor.

Ghlaoigh Mamaí ar
Neasa. 'Brostaigh, a
Neasa. Tá sé leath
uair tar éis a hocht.'

8

Chuir Neasa a mála scoile ar a droim.
Rinne sí dearmad ar an lón.

Cúpla ceist

1. Cá raibh Neasa?

_____

2. Ar chuir Neasa subh sa cheapaire?

_____

3. Cár chuir sí an ceapaire?

_____

4. Cé a tháinig isteach sa chistin?

_____

5. Ar thosaigh Rossa ag súgradh le Gordó?

_____

6. Cár fhág Neasa an bosca lóin?

_____

7. Ar thug Siobhán ceapaire do Neasa?

_____

8. Cé a bhí ag an doras?

_____

9. Céard a bhí ina bhéal ag Gordó?

_____

10. An raibh fearg ar Neasa nuair a chonaic sí Gordó agus Daidí?

_____

C **Seo leat...** **Tá cnag ar an doras.**   **Scríobh**

D Seo leat... Cad atá cearr leat?

| fearg | tart | tuirse | ocras | eagla |

1. Tá _____ orm mar d'fhág mé mo lón sa bhaile.

2. Tá _____ orm mar bhí mé ag rith go tapa sa chlós.

3. Tá _____ orm mar níor chodail mé aréir.

4. Tá _____ orm mar ní maith liom tintreach.

5. Tá _____ orm mar stróic Gordó mo chóipleabhar.

E Seo leat... D'fhág sí an bosca lóin ar an gcuntar.

| ar an stól | ar an gcathaoir | ar an gcuntar |
| ar an mbord | ar an leaba | ar an talamh |

1. D'fhág _____ an bosca _____

2. D'fhág _____ an leabhar _____

3. D'fhág _____ an mála scoile _____

4. D'fhág _____ cúig euro _____

5. _____

6. _____

F **Le foghlaim**

Thug + do	D'éist + le	D'éist + leis

Thug leabhar do

Thug Siobhán leabhar do Rossa.

D'éist le

D'éist an siopadóir le Neasa.

D'éist leis an

D'éist Daidí leis an raidió.

G  **Líon na bearnaí.**

1. D'éist Clíona _____ Mamaí.

    2. Thug an múinteoir obair bhaile _____ na páistí.

3. _____ Neasa airgead _____ siopadóir.

    4. _____ an rúnaí _____ Mamaí.

5. _____ na páistí _____ múinteoir.

    6. _____ Rossa leabhar _____ Neasa.

7. _____ Colm _____ múinteoir.

    8. _____ Neasa cnámh _____ Ghordó.

H 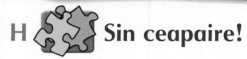 Sin ceapaire!

Déan ceapaire don lón.

Líon an ceapaire le bia folláin.

I Cad a chuir tú sa cheapaire? Scríobh.

_____

_____

_____

Súil Siar C

A Abairtí Iontacha

1. _____ Aintín Orla peata nua i
   siopa na bpeataí.

   Dhún
   Fuair
   Rith

2. _____ na trí rí réalta sa spéir.

   Chuir
   Chonaic
   Thóg

3. _____ na páistí uair an chloig
   ag déanamh obair bhaile.

   D'fhéach
   Chaith
   Ní fhaca

4. _____ an peileadóir an liathróid pheile
   den talamh.

   Phioc
   Léim
   Rinne

5. _____ an píolóta an doras ar
   an eitleán inné.

   Bhuail
   Thit
   D'oscail

6. _____ an cat ag crónán
   in aice na tine.

   Thosaigh
   Phreab
   Cheannaigh

7. _____ an múinteoir cnag ar
   an doras.

   Tháinig
   Chuala
   Bhí

8. _____ Gordó sa ghairdín agus
   fuair sé cnámh.

   Shroich
   Chuardaigh
   Ní raibh

B ✏️ Athscríobh na habairtí.

1. [☀️🏞️] a bhí ann agus thosaigh na páistí [⚽] .
   An samhradh a bhí ann agus thosaigh na páistí ag imirt peile.
   _____

2. Cheannaigh [👴] [👓] nua san [🚌] .
   _____

3. Chonaic [👩] [🐱] beag sa [📚] .
   _____

4. Rug [👦] ar [⚽] sa [🏰] inné.
   _____

5. Chaith [👦👦] an tráthnóna ag déanamh [🧇] .
   _____

6. Bíonn [👩] ag obair san [🏢] .
   _____

C ✏️ Líon na bearnaí.   Lá Fliuch

míreanna mearaí	na páistí	go hiontach	sa bhaile	a bhí ann
áthas an domhain	Shuigh	tráta agus leitís	Tar anseo	ceapaire
d'fhág sí	scamallach	ar cuairt	os comhair na tine	ag tafann

Lá gránna ___ _____ _____. Bhí sé [☁️] _____ agus bhí na páistí
____ _____. Chaith siad an tráthnóna ag déanamh [🧇]

_____ _____. 'Tá na míreanna mearaí seo ___ _____,'

arsa Clíona. Ar a cúig a chlog, tháinig Aintín Orla ____ _____. Bhí

áthas an domhain ar [👦👦] ___ _____. Shuigh Aintín Orla [🪑]

___ _____ ___ _____. '____ _____,' arsa Aintín Orla le

Gordó. _____ Gordó in aice le Aintín Orla agus thosaigh sé [🐕]

___ _____. Ag am tae, rinne na páistí [🥪] _____ mór

d'Aintín Orla. Chuir siad [🍅🥬] _____ ____ _____ sa

cheapaire. Nuair a chuaigh Aintín Orla abhaile, _____ ____ bosca

mór seacláide ar an gcuntar. Bhí _____ ____ _____ ar na páistí.

13. Mamó

Léigh an scéal.

1. An Aoine a bhí ann. Bhí Mamaí agus Daidí ag dul as baile.

2. Bhí siad ag dul go dtí teach deas cois farraige. Tháinig Mamó ar cuairt.

3. D'fhág na páistí agus Mamó slán le Mamaí agus Daidí.

4. Ag am dinnéir fuair Mamó píotsa. Tháinig fear ar ghluaisrothar leis an bpíotsa. Bhí an píotsa an-bhlasta.

5. Tar éis an dinnéir, chuir Rossa ceol ar siúl. Thosaigh siad go léir ag rince.

6. Ar an Satharn, rinne Mamó an bricfeasta. Thug sí bricfeasta sa leaba do na páistí.

7. Ar a trí a chlog, chuaigh siad go dtí an pháirc. Thosaigh siad ag scátáil.

8. Ansin thosaigh siad ag luascadh ar na luascáin.

80

9 Ag am tae, rinne Mamó pancóga. Chuir sí líomóid agus siúcra ar na pancóga.

10 Tar éis an tae, fuair Mamó DVD sa siopa ceoil. D'fhéach na páistí ar an DVD.

11 Ar an Domhnach, chuaigh an chlann go dtí an séipéal sa bhaile mór.

12 Nuair a chuaigh siad abhaile, rinne Mamó picnic. Thiomáin sí amach faoin tuath.

13 Lá breá a bhí ann. Shuigh siad faoi chrann ard agus d'ith siad an phicnic.

14 Nuair a chuaigh siad abhaile, shuigh siad síos sa seomra suí.

15 Oíche mhaith.

Go raibh míle maith agat.

Bhí tuirse ar na páistí agus chuaigh siad go dtí an leaba ar a hocht a chlog.

16 Nuair a tháinig Mamaí agus Daidí abhaile, thug siad cupán deas tae do Mhamó.

81

B ![icon] Cúpla ceist

1. Cá raibh Mamaí agus Daidí ag dul?

   _____

2. Cé a tháinig ar cuairt?

   _____

3. Céard a rinne Mamó ag am dinnéir?

   _____

4. Cá ndeachaigh an chlann ar a trí a chlog?

   _____

5. Cad a chuir Mamó ar na pancóga?

   _____

6. Cad a fuair Mamó sa siopa ceoil?

   _____

7. Cár ith an chlann an phicnic?

   _____

8. An ndeachaigh Mamó go dtí an leaba ar a hocht a chlog?

   _____

C ![icon] Líon na bearnaí.

ag tiomáint	sa pháirc	ag luascadh	ar scoil	ag scátáil
sa ghairdín	ag ithe	sa sráidbhaile	ag rince	sa chistin

1. Bhí na páistí ____ _____ pancóga ____ _____

2. Thosaigh Mamó ____ _____ ar an luascán ____ _____

3. Bhí an múinteoir agus an príomhoide ___ _____ ___ _____

4. Thosaigh Clíona agus Gordó ____ _____ ___ _____

5. Bhí an tiománaí ____ _____ ___ _____

Bhí Mamaí agus Daidí ag dul as baile.

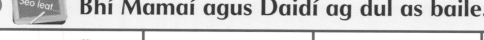

 as baile	abhaile	ar scoil	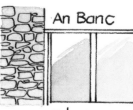 an banc
an séipéal	oifig an phoist	an t-ospidéal	an leabharlann

1. Bhí an peileadóir ag dul _____

 2. Bhí _____ ag dul _____

3. Bhí _____ ag dul _____

 4. Bhí an feirmeoir ag dul go dtí _____

5. Bhí an rúnaí ag dul go dtí _____

 6. Bhí _____ ag dul go dtí _____

7. _____

 8. _____

Le foghlaim

An ndeachaigh…?

Chuaigh ← → Ní dheachaigh

F **Freagair na ceisteanna.**

1. An ndeachaigh an sagart go dtí an séipéal?

   Chuaigh an sagart go dtí an séipéal.

2. An ndeachaigh an sagart go dtí an sorcas?

   Ní dheachaigh an sagart go dtí an sorcas.

3. An ndeachaigh na páistí ar scoil?

   _____ na páistí ar scoil.

4. An ndeachaigh na páistí amach faoin tuath?

   _____ na páistí amach faoin tuath.

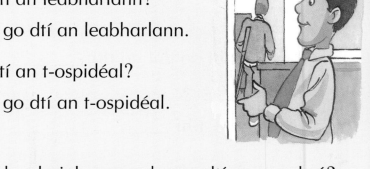

Ospidéal

5. An ndeachaigh an múinteoir go dtí an leabharlann?

   _____ an múinteoir go dtí an leabharlann.

6. An ndeachaigh an múinteoir go dtí an t-ospidéal?

   _____ an múinteoir go dtí an t-ospidéal.

7. An ndeachaigh an madra go dtí an conchró?

   _____

8. An ndeachaigh an madra go dtí an loch?

   _____

Cá bhfuil tú i do chónaí?

Táim i mo chónaí
i sráidbhaile.

Táim i mo chónaí
sa bhaile mór.

Táim i mo chónaí
sa chathair.

Táim i mo chónaí
i gcarbhán.

Táim i mo chónaí
faoin tuath.

Táim i mo chónaí
ar fheirm.

Táim i mo chónaí
i mbungaló.

Táim i mo chónaí
i dteach leathscoite.

Táim i mo chónaí
i dteach dhá stór.

Táim i mo chónaí
i gcaisleán.

Táim i mo chónaí
in eastát mór.

Táim i mo chónaí
cois farraige.

Táim i mo chónaí
in árasán.

Táim i mo chónaí
i dteachín.

Táim i mo chónaí
i seanteach.

H **Cá bhfuil tú féin i do chónaí?   Táim i mo chónaí ...**

B 🧒 Cúpla ceist

1. Céard a bhí á dhéanamh ag Neasa agus Rossa?

   _____

2. Cé mhéad ama a chaith siad ag obair ar an ríomhaire?

   _____

3. An raibh na páistí ag pleidhcíocht?

   _____

4. Cé a bhrúigh an cnaipe trí thimpiste?

   _____

5. Cé a tháinig go dtí an bord?

   _____

6. Ar shábháil Neasa agus Rossa an obair go léir?

   _____

7. Ar thosaigh na páistí ag pleidhcíocht arís?

   _____

8. An bhfuil ríomhaire agat sa bhaile?

   _____

C Seo leat Go tobann...

...phléasc an balún	...thit Séimí den stól	...lig Daidí sraoth as	...bhuail an teileafón	...shleamhnaigh Mamaí

D **Athscríobh na habairtí seo a leanas.**

1. ar siúl   an múinteoir   an ríomhaire   Chas   ar maidin

   _____

2. ag obair   Thosaigh   ar an ríomhaire   na páistí   sa seomra ranga

   _____

3. inné   shábháil   an obair   Neasa   Níor   ar an ríomhaire

   _____

4. Colm   an cnaipe   trí thimpiste   Bhrúigh

   _____

5. ar an múinteoir   sa seomra ranga   fearg   Bhí   ar maidin

   _____

6. Rinne   ag am lóin   an bheirt acu   arís   an obair

   _____

E **Líon na bearnaí.**

> Bhrúigh   Shábháil   Thosaigh   Bhí   Chaith   Chuaigh

1. _____ Siobhán ar scoil.

2. _____ sí ag obair ar a naoi a chlog.

3. _____ sí uair an chloig ag obair ar an ríomhaire.

4. _____ sí cnaipe tar éis tamaill.

5. _____ sí an obair go léir.

6. _____ sí amach sa chlós.

89

Le foghlaim

An ndearna…?

Rinne ← → Ní dhearna

G  **Freagair na ceisteanna.**

1. An ndearna na páistí caisleán?
   Rinne na páistí caisleán.

2. An ndearna na páistí obair bhaile?
   Ní dhearna na páistí obair bhaile.

3. An ndearna Daideo cáca milis?
   _____ Daideo cáca milis.

4. An ndearna Mamó cáca milis?
   _____ Mamó cáca milis.

5. An ndearna Clíona ceapaire?
   _____ Clíona ceapaire.

6. An ndearna Clíona pancóga?
   _____ Clíona pancóga.

7. An ndearna an múinteoir cupán tae?
   _____ an múinteoir cupán tae.

8. An ndearna an píolóta cupán tae?
   _____ an píolóta cupán tae.

H Cad a bhí á dhéanamh ag na páistí?

Bhí tionscnamh á dhéanamh ag na páistí.

Bhí  _____ á dhéanamh ag  _____.

Bhí _____ á dhéanamh ag _____.

Bhí _____ á dhéanamh ag _____.

1. Bhí _____ á dhéanamh ag _____

 2. Bhí _____ á dhéanamh ag _____

3. Bhí _____ á dhéanamh ag _____

4. _____ á dhéanamh ag _____

5. Bhí _____

I Féach cad a rinne tú!   Mise? Is ortsa an locht!

J Le foghlaim   Foclóir breise

ríomhaire	scáileán
luchóg	cnaipí
monatóir	clódóir
asphrionta	saighead
cúrsóir	dlúthdhiosca
bogearraí	cruadhiosca

A  Léigh an scéal.

1 Chuaigh Rossa abhaile ón scoil agus d'ith sé a dhinnéar.

2 D'fhéach sé ar an teilifís. Ní dhearna sé an obair bhaile.

3 Ar mhaith leat teacht go dtí an pháirc?

Ba mhaith liom.

Ghlaoigh sé ar a chara, Tomás.

4 Chuaigh an bheirt acu go dtí an pháirc. Thosaigh siad ag iománaíocht. Bhí an-spórt acu.

5 Chonaic an múinteoir na buachaillí ag súgradh. Ní fhaca na buachaillí an múinteoir ag rothaíocht síos an bóthar.

6 Ar maidin, chuaigh Rossa ar scoil.

Múinteoir	Rossa, taispeáin dom an obair bhaile, más é do thoil é.
Rossa	Gabh mo leithscéal, a mhúinteoir.
	Ní dhearna mé an obair bhaile aréir.
Múinteoir	Cén fáth?
Rossa	Bhí mé an-tinn. Bhí scornach thinn orm agus bhí pian i mo bholg.
Múinteoir	Mo thrua thú! Agus an ndeachaigh tú go dtí an leaba?
Rossa	Ó… chuaigh mé.
Múinteoir	Agus conas tá tú inniu?
Rossa	Táim ceart go leor, go raibh maith agat.
Múinteoir	Agus an raibh an cluiche iománaíochta go maith?
Rossa	Cén cluiche iománaíochta?
Múinteoir	An cluiche iománaíochta sa pháirc. Tú féin agus Tomás.
Rossa	Ó…ó…ó… tá brón orm, a mhúinteoir.
Múinteoir	Bhuel, fan istigh ag am lóin… agus déan an obair bhaile.
Rossa	Ach tá traenáil peile ar siúl ag am lóin.
Múinteoir	Bhuel, níl tusa ag dul go dtí an traenáil.
Rossa	Ach tá cluiche peile ar siúl amárach.
Múinteoir	Ceart go leor, ach déan an obair bhaile anocht!
Rossa	Tá go maith. Tá brón orm.
Múinteoir	Bhuel Rossa, tá brón ort anois, ach beidh an-bhrón ort anocht!
	Beidh obair bhaile breise agat.

B  Cúpla ceist

1. Céard a rinne Rossa nuair a chuaigh sé abhaile?

   _____

2. An ndearna sé an obair bhaile?

   _____

3. Ar ghlaoigh Rossa ar a chara, Colm?

   _____

4. Céard a bhí á dhéanamh ag Rossa agus Tomás sa pháirc?

   _____

5. Cé a bhí ag rothaíocht síos an bóthar?

   _____

6. Céard a chonaic an múinteoir?

   _____

7. Céard a rinne Rossa ar maidin?

   _____

8. An raibh scornach thinn ar Rossa?

   _____

C An raibh an cluiche peile go maith?　　Bhí/Ní raibh

scannán	leabhar	cluiche peile	páistí	clár teilifíse	féasta

1. An raibh na go maith?　Bhí na páistí go maith.
2. An raibh an go maith?　_____
3. An raibh an go maith?　_____
4. An raibh an go maith?　_____
5. An raibh an go maith?　_____
6. An raibh an  go maith?　_____

D Gabh mo leithscéal!

E Leithscéalta

Páiste	A mhúinteoir, seo litir ó mo Dhaidí.
Múinteoir	An ndearna tú an obair bhaile aréir?
Páiste	Ní dhearna mé.
Múinteoir	Cén fáth?

Bhí mé tinn.

Tháinig mo Mhamó ar cuairt.

Chuaigh mé go dtí an sorcas.

Stróic an madra mo chóipleabhar.

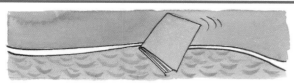

_____ sa loch.

Ghoid an gadaí _____.

Shéid _____

D'fhág _____.

F Cum dhá leithscéal tú féin.

Is tusa an múinteoir inniu.

Tabhair cúpla tasc do na páistí i do rang.

• Glan	an clár dubh	an doirteal	do lámha
• Oscail	an fhuinneog	an leabhar	do bhéal
• Tosaigh	ag léamh	ag scríobh	ag smaoineamh
• Pioc suas	na páipéir	an mála scoile	an bruscar
• Dún	an doras	an leabhar	an cóipleabhar
• Téigh go dtí	an oifig	an halla	an leabharlann
• Tabhair dom	an litir	an glantóir	an liathróid
• Bailigh	na cóipleabhair	na leabhair	an t-airgead
• Tóg amach	an obair bhaile	an lón	an peann luaidhe
• Taispeáin dom	an bosca bréagán	an cuntar	seomra na gclócaí

H **Cluiche beirte – Caith 5c ar na boscaí thuas.**
Féach cá bhfuil sé. Déan an tasc sin.

 **I** **Foclóir breise**

ÁBHAIR SCOILE	 Gaeilge	Béarla	Matamaitic
	Stair	Tíreolaíocht	Dúlra	Eolaíocht
	Ceol	Corpoideachas	Ealaín	Reiligiún

Cé na hábhair scoile is maith leat?

Is maith liom…   Ní maith liom…

Scríobh na hábhair scoile i nGaeilge ar do chóipleabhair scoile.

J **An bhfuil Rossa tinn?**

Tá Rossa tinn   Níl sé ag obair

Tá Rossa tinn   Tá sé ina chodladh

Tá Rossa tinn, mo bhrón!   Is trua a scéal, ochón!

Tá sé sa leaba   Ní bheidh sé ar scoil

Tá sé sa leaba   Ní bheidh sé ar scoil

Agus tá sé tinn go leor.   Ní bheidh sé ar scoil go fóill.

16. Láib!

A 📖 Léigh an scéal.

Bhí Rossa, Neasa agus Tomás ag siúl ar scoil ar maidin. Lá fliuch a bhí ann. Bhí sé ag cur báistí.

Thosaigh na buachaillí ag pleidhcíocht.
Go tobann, shleamhnaigh Rossa.
Thit sé sa láib.

Nuair a sheas Rossa suas, bhí a chuid éadaí salach.
Bhí fearg an domhain ar Rossa.

Nuair a shroich Rossa an scoil, thosaigh na páistí eile ag gáire.
Bhí náire an domhain ar Rossa.

Siobhán	Céard é seo a Rossa? Faisean nua – an ea?
Colm	Cár cheannaigh tú na héadaí nua sin, a Rossa?
Eimear	Tá na héadaí nua go hálainn!
Brian	Is breá liom an stíl nua, Rossa.
Aoife	Rossa bocht! Ná bí ag magadh faoi.
Tomás	Ná bac leo, Rossa. Tar anseo.

Chuaigh Tomás agus Rossa isteach sa seomra ranga. Chonaic an múinteoir na buachaillí.

Múinteoir	Go bhfóire Dia orainn! Cad a tharla?
Rossa	Bhí mé ag siúl ar scoil agus shleamhnaigh mé. Thit mé sa láib.
Múinteoir	Glan do lámha agus téigh go dtí an príomhoide.

Chuaigh Rossa agus Tomás go dtí an oifig. Ghlaoigh an príomhoide ar Mhamaí agus Daidí. Ní raibh Daidí ná Mamaí sa bhaile. Ghlaoigh an príomhoide ar Mhamó.

Tháinig Mamó agus Gordó go dtí an scoil.
Chuaigh Rossa abhaile in éineacht leo.

Thóg Mamó a chuid éadaí. Nigh sí na héadaí sa mheaisín níocháin. Thriomaigh sí na héadaí sa triomadóir. Ansin, d'iarnáil sí iad.

Thug sí cupán cócó agus cáca seacláide do Rossa.
Bhí áthas an domhain ar Rossa ansin.

B Cúpla ceist

1. Cén saghas lae a bhí ann?

   _____

2. Cé a thit sa láib?

   _____

3. Céard a tharla nuair a shroich sé an scoil?

   _____

4. Cé a chuaigh go dtí an oifig?

   _____

5. Ar ghlaoigh an príomhoide ar Mhamaí agus Daidí?

   _____

6. Ar tháinig Daidí go dtí an scoil?

   _____

7. Céard a thug Mamó do Rossa nuair a chuaigh sí abhaile?

   _____

8. An raibh fearg ar Rossa?

   _____

C Ná bac leo!

Tarraing.

Ná bac leo!   Ná bac leo!   Ná bac leo!

D Tá na héadaí nua go hálainn. Scríobh agus tarraing.

Tá an rothar nua go hálainn.

Tá na bróga reatha nua go hálainn.

Tá _____ nua go hálainn.

E **Cár cheannaigh tú na héadaí nua?**
Cheannaigh mé na héadaí sa siopa éadaí.

F **Líon na bearnaí.**

stampa	caipín	uachtar reoite	cóipleabhar
luch	t-léine	dlúthdhiosca	leabhar grinn

1. Cheannaigh mé _____ sa siopa peataí.
2. Cheannaigh mé _____ sa siopa ceoil.
3. Cheannaigh mé _____ sa siopa scoile.
4. Cheannaigh mé _____ sa siopa éadaí.
5. Cheannaigh mé _____ in oifig an phoist.
6. Cheannaigh mé _____ san ollmhargadh.
7. Cheannaigh mé _____ sa siopa spóirt.
8. Cheannaigh mé _____ sa siopa nuachtán.

G **Cad a tharla?**

Rinne mé dearmad ar mo lón.   Stróic mé m'éide scoile.

 Chaill mé mo sparán.   Ghortaigh mé mo chos.

Cad a tharla?

Thit mé sa láib.    Dhoirt mo dheoch i mo mhála.

D'fhág mé mo mhála ar an mbus.

áthas an domhain	brón an domhain	ocras an domhain	tart an domhain	fearg an domhain	eagla an domhain	tuirse an domhain

I **Ceangail na habairtí seo.**

1. Bhí áthas an domhain ar an bpeileadóir nuair a…   …chonaic siad an madra mór fíochmhar.

2. Bhí brón an domhain ar an seanfhear nuair a…   …bhí sí ag obair.

3. Bhí ocras an domhain ar an gcailín nuair a…   …fuair sé cúl.

4. Bhí tart an domhain ar an bpríomhoide nuair a…   …chonaic sé an fhuinneog bhriste.

5. Bhí fearg an domhain ar an siopadóir nuair a…   …d'fhág sí a lón sa bhaile.

6. Bhí eagla an domhain ar na páistí nuair a…   …d'fhág sí an fleasc tae sa bhaile.

7. Bhí tuirse an domhain ar an múinteoir nuair a…   …stróic sé a bhríste.

J **Scríobh amach na habairtí.**

1. Bhí áthas an domhain ar an bpeileadóir nuair a fuair sé cúl.

2. _____

3. _____

4. _____

5. _____

6. _____

7. _____

1. sa láib   agus   Shleamhnaigh   thit sé   an buachaill

   _____

2. an múinteoir   in oifig an phoist   cúpla stampa   Cheannaigh

   _____

3. na héadaí nua   an príomhoide   Chuir   sa mheaisín níocháin

   _____

4. sa pháirc   Chaill   an peileadóir   inné   na bróga reatha

   _____

5. an saighdiúir   ar maidin   gorm   an t-léine   Ghlan

   _____

6. an t-aeróstach   Tháinig   abhaile   tar éis a hocht   ar leathuair

   _____

L   **An bhfuil éide scoile ort?   Cén dath atá uirthi?**
    An bhfuil éide ar na daoine seo?   Tá (✓)   nó   Níl (✗)

banaltra ☐ ☐	gruagaire ☐ ☐	bean an phoist ☐ ☐
feirmeoir ☐ ☐	píolóta ☐ ☐	sagart ☐ ☐
fear an bhainne ☐ ☐	garda ☐ ☐	peileadóir ☐ ☐
aeróstach ☐ ☐	múinteoir ☐ ☐	saighdiúir ☐ ☐

M **Cuir sé cinn de na focail thuas in abairtí i do chóipleabhar.**

Súil Siar D

A 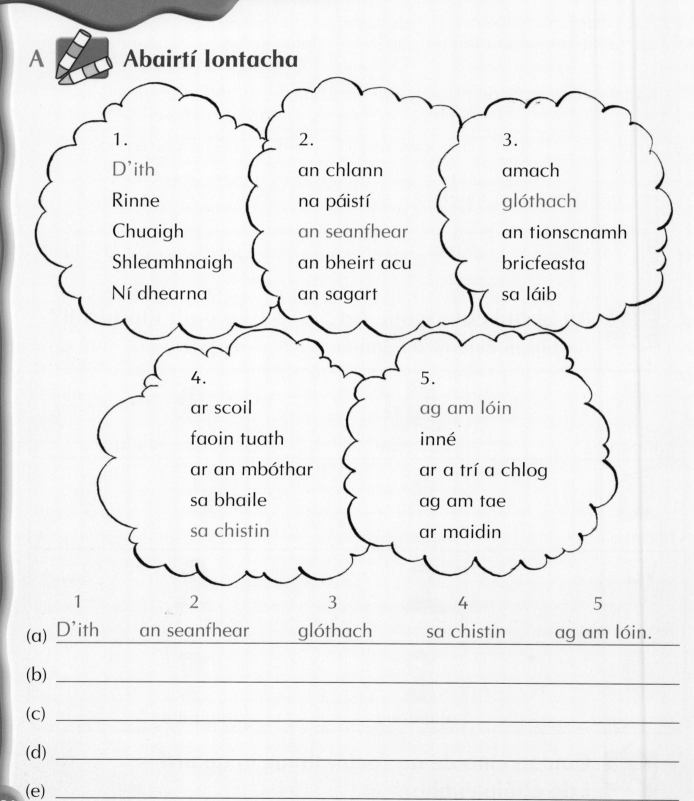 **Abairtí Iontacha**

1.
D'ith
Rinne
Chuaigh
Shleamhnaigh
Ní dhearna

2.
an chlann
na páistí
an seanfhear
an bheirt acu
an sagart

3.
amach
glóthach
an tionscnamh
bricfeasta
sa láib

4.
ar scoil
faoin tuath
ar an mbóthar
sa bhaile
sa chistin

5.
ag am lóin
inné
ar a trí a chlog
ag am tae
ar maidin

	1	2	3	4	5
(a)	D'ith	an seanfhear	glóthach	sa chistin	ag am lóin.
(b)					
(c)					
(d)					
(e)					

B Briathra Beo
Líon na bearnaí.

| Thug | Fuair | Bhrúigh | Stróic | Ní fhaca |

1. _____ an múinteoir an cnaipe trí thimpiste.
2. _____ an buachaill an bus ag dul thar bráid.
3. _____ an feirmeoir geansaí nua sa siopa éadaí.
4. _____ an cailín dána an cóipleabhar ar scoil inné.
5. _____ an múinteoir obair bhaile do na páistí.

C Athscríobh na habairtí agus críochnaigh gach scéal.

1. ag féachaint   an rúnaí   ar an teilifís.   Thosaigh

_____

Go tobann _____

2. ar maidin.   Daidí   Bhí   sa siopa   ag obair

_____

Go tobann _____

3. Séimí   ina shuí   Bhí   inné.   ar an stól

_____

Go tobann _____

4. sé bliana d'aois   Clíona   Tá   inniu.

_____

Go tobann _____

5. ar a sé a chlog.   sa pháirc   Mamaí   Chuaigh   ag siúl

_____

Go tobann _____

A  **Léigh an scéal.**

ag rothaíocht

ag imirt peile

ag féachaint ar an teilifís

ag iománaíocht

ag rince

ag imirt cispheile

ag luascadh

ag rith

ag éisteacht le ceol

ag canadh

ag scátáil

ag súgradh ar an ríomhaire

ag imirt gailf

ag iascaireacht

ag léamh

ag snámh

Is mise Colm. Is maith liom a bheith ag léamh. Seo é mo scéal.

Nuair a bhí mé ceithre bliana d'aois, thosaigh mé ag léamh. Lá amháin, fuair mé leabhar ón leabharlann. Shuigh mé síos sa seomra suí agus thosaigh mé ag léamh. Go tobann, bhuail an teileafón. D'éirigh mé agus chuaigh mé amach sa halla.

D'fhreagair mé an teileafón. Thosaigh mé ag caint le mo chara, Neasa. Nuair a chuaigh mé isteach sa seomra suí, bhí mo dhearthháir, Barra, ag scríobh ar an leabhar – le peann dearg! Bhí fearg an domhain orm. 'Tá brón orm!' arsa Barra.

Is mise Siobhán. Is maith liom a bheith ag scátáil. Seo é mo scéal.

Nuair a bhí mé ocht mbliana d'aois, thosaigh mé ag scátáil.

Lá amháin, chuaigh mé féin agus mo chara, Brian, go dtí an pháirc. Bhí cosán sa pháirc. Bhí loch beag in aice leis an gcosán. Bhí lacha sa loch. Go tobann, shleamhnaigh an chathaoir rothaí ar an gcosán. Bhuail sí i mo choinne agus thit mé isteach sa loch. Léim an lacha amach as an loch. Bhí mé fliuch báite. 'Féach cad a rinne tú!' arsa mise. 'Tá brón orm!' arsa Brian.

B 🙂 Cúpla ceist

1. Cén aois a bhí ag Colm nuair a thosaigh sé ag léamh?

   _____

2. Céard a fuair Colm sa leabharlann?

   _____

3. Cad a tharla nuair a d'fhreagair Colm an teileafón?

   _____

4. Cén aois a bhí ag Siobhán nuair a thosaigh sí ag scátáil?

   _____

5. Cár shleamhnaigh an chathaoir rothaí?

   _____

6. Cad a tharla nuair a thit Siobhán isteach sa loch?

   _____

C ✏️ Athscríobh na habairtí seo a leanas.

1. na páistí   ag scátáil   Thosaigh   inné   sa pháirc

   _____

2. agus   isteach   an buachaill   sa loch   Shleamhnaigh   thit sé

   _____

3. an leabharlann   chuaigh   Lá amháin   go dtí   an múinteoir

   _____

4. mo dheartháir   ar a cúig a chlog   sa seomra suí   Rith   isteach

   _____

5. mo chara   ar maidin   sa seomra ranga   Thosaigh   ag scríobh

   _____

6. an teileafón   thosaigh sé   ag caint   agus   D'fhreagair   an garda

   _____

D **Is maith liom a bheith ag léamh.**

ag marcaíocht	ag iascaireacht	ag imirt peile	ag imirt gailf
ag imirt sacair	ag iománaíocht	ag snámh	ag scátáil
	ag imirt cispheile	ag rothaíocht	

1. Is maith liom a bheith ag imirt gailf.

2. Is maith liom a bheith _____

3. Is maith liom _____

4. Is maith liom _____

5. Is maith liom _____

6. _____

7. _____

8. _____

9. _____

10. _____

E **Inis do scéal. Ansin tarraing pictiúr.**

Is mise _____

Táim _____ mbliana d'aois.

Nuair a bhí mé _____ mbliana d'aois,

thosaigh mé ag _____

Is maith liom a bheith

ag _____

F **Le foghlaim**

> ## An bhfaca…?
>
> Chonaic   Ní fhaca

G **Freagair na ceisteanna.**

1. An bhfaca na buachaillí an liathróid?

   _____ na buachaillí an liathróid.

2. An bhfaca na buachaillí an conchró?

   _____ na buachaillí an conchró.

3. An bhfaca Séimí an tsubh?

   _____ Séimí an tsubh.

4. An bhfaca Séimí an madra?

   _____ Séimí an madra.

5. An bhfaca Clíona iora rua sa pháirc?

   _____ Clíona iora rua sa pháirc.

6. An bhfaca Clíona meaisín níocháin sa pháirc?

   _____ Clíona meaisín níocháin sa pháirc.

7. An bhfaca Daidí eitleog sa spéir?

   _____ Daidí eitleog sa spéir.

8. An bhfaca Daidí eitleán sa spéir?

   _____ Daidí eitleán sa spéir.

Cuardach focal síos ↓ nó trasna →

l	l	t	i	ú	b	u	ó	p	u	f	s	t	a	m	l
e	r	t	b	l	o	c	h	f	l	f	e	d	h	n	í
a	p	f	o	d	m	o	u	b	t	d	g	l	t	e	t
b	l	ó	u	a	t	s	l	e	r	t	e	ú	o	d	i
h	i	n	h	i	h	á	d	p	o	c	a	t	r	l	s
a	t	p	r	c	d	n	e	t	t	i	e	h	i	t	i
r	i	ó	i	d	r	o	i	c	h	e	a	d	f	l	o
l	a	c	h	a	c	p	c	o	a	b	d	h	b	n	s
a	r	a	n	h	s	d	r	i	r	c	l	i	t	i	r
n	g	f	h	h	e	b	e	u	ó	a	a	o	r	ó	l
n	b	o	s	c	á	t	a	í	r	o	m	s	e	i	n
m	a	s	c	q	f	o	l	t	p	h	a	c	o	f	s
c	h	a	q	s	c	g	s	t	a	m	p	a	i	h	o
f	t	a	n	l	f	d	r	o	s	i	c	m	p	r	a
l	u	a	c	h	t	a	r	r	e	o	i	t	e	s	a
m	a	o	m	u	s	e	u	n	r	f	i	o	g	m	t

Cuir na focail sa chuardach focal in abairtí.

1. _____
2. _____
3. _____
4. _____
5. _____
6. _____
7. _____
8. _____
9. _____
10. _____
11. _____
12. _____

B 🙂 **Cúpla ceist**

1. Céard a fuair Neasa ó Aintín Orla?

   _____

2. Cé a bhí ag bailiú stampaí?

   _____

3. Céard a cheannaigh Neasa sa siopa ceoil?

   _____

4. Cé a tháinig ar cuairt?

   _____

5. Cad a rinne Mamaí ar a trí a chlog?

   _____

6. Cad a tharla nuair a chas Siobhán an dlúthdhiosca ar siúl?

   _____

C Seo leat... **Luigh Gordó síos *in aice leis* an seinnteoir ceoil. Líon na bearnaí.**

siopa ceoil	cosán	oifig an phoist	leabharlann	Gordó
scoil	loch	rothar	Rossa	tine	carr	droichead

1. Luigh _____ síos in aice leis an _____

2. Sheas _____ in aice leis an _____

3. Tá _____ beag in aice leis an _____

4. Bhí _____

5. Chonaic mé _____

6. Bhí _____

114

Líon na bearnaí.

 garda	 banaltra	 píolóta	 príomhoide	múinteoir
 leabharlannaí	 dochtúir	 feirmeoir	 peileadóir	 rúnaí

1. D'fhan an _____ ar an mbóthar.

 2. D'fhan an _____ sa scuaine.

3. D'fhan an _____ ar scoil.

 4. D'fhan an _____ in oifig an phoist.

5. D'fhan an _____ san ospidéal.

 6. D'fhan an _____ sa pháirc.

7. D'fhan an _____ san oifig.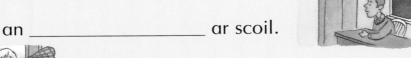

 8. D'fhan an _____ ag stad an bhus.

9. D'fhan an _____ san aerfort.

 10. D'fhan an _____ sa leabharlann.

E **Foclóir Breise** **Oifig an Phoist**

 cárta poist   clúdach litreach

stampa   cárta

 fear/bean an phoist   litir

  bosca litreacha   mála mór litreacha

 F **Líon na bearnaí.**

Is mise Aintín Orla. Chuaigh mé go dtí _____ _____

_____ inné. Cheannaigh mé cúpla cárta teileafóin agus

_____. Nuair a chuaigh mé abhaile, scríobh mé

_____ chuig Neasa. Chuir mé fiche euro agus litir sa

_____ _____. Chuir mé _____ ar an

gclúdach litreach. Shiúil mé síos an bóthar. Chuir mé an litir sa

_____ _____. Ansin, chuaigh mé abhaile.

G  **Le Foghlaim**

duine	beirt	triúr	ceathrar

cúigear	seisear	seachtar

ochtar	naonúr	deichniúr

H **Scríobh d'ainm agus do sheoladh ar an gclúdach litreach seo.**

(as Gaeilge)

117

A **Léigh an scéal.**

scáth gréine

spéaclaí gréine

lóis

trá

uachtar reoite

carraig

canna oráiste

culaith shnámha

Lá breá atá ann. Tá sé te agus grianmhar. Tá an chlann ag an trá. Tá Neasa, Rossa agus Clíona ag súgradh san fharraige. Tá culaith shnámha ar gach páiste. Tá Séimí ina shuí ar an gcarraig. Tá sé ag ithe uachtair reoite. Tá Gordó ag ithe uachtair reoite freisin. Tá Mamaí ina codladh faoin scáth gréine. Tá spéaclaí gréine ar Dhaidí.

simléar

crann

deatach

éadaí

duilleoga

Lá gaofar atá ann. Tá na héadaí ar an líne. Tá duilleoga ag titim ar an talamh. Tá deatach ag séideadh ón simléar. Tá cóipleabhar Neasa ag séideadh sa ghaoth. Tá Gordó ag rith ina dhiaidh.

stad an bhus

scáth fearthainne

hata báistí

cóta báistí

locháin

buataisí

Lá fliuch atá ann. Tá sé ag cur báistí. Tá Colm ina sheasamh ag stad an bhus.

Tá cóta agus hata báistí air. Tá carr ag dul thar bráid.

Tá Rossa agus Clíona ag siúl síos an bóthar. Tá Gordó ag siúl freisin.

Tá Clíona fliuch báite ach tá Gordó tirim.

loch

leac oighir

fuinneog

biríní seaca

sneachta

fear sneachta

Lá fuar atá ann. Tá leac oighir ar an loch. Tá biríní seaca ar an gconchró.

Tá Rossa amuigh sa ghairdín. Tá hata agus scairf agus buataisí air.

Tá fear sneachta á dhéanamh aige. Tá Gordó ann freisin.

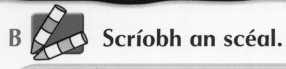
an geata	Chuaigh	ag eitilt	na duilleoga	na páistí
sa chonchró	fearg an domhain	a bhí ann	rothar	rith sé
an bóthar	léim	freisin	fear an phoist	dhá litir
	Go raibh maith agat	an chlann	ag tafann	

Lá gaofar ____ _____ _____. Shéid an ghaoth ____ _____
den chrann. Chonaic Gordó na duilleoga ____ _____ san aer.
Bhí ____ ____ _____ ag rothaíocht síos ____
_____. Go tobann, _____ Gordó thar an ngeata.
Is beag nár thit fear an phoist den _____. Bhí _____ ____
_____ ar fhear an phoist. Nuair a chonaic Daidí cad a tharla,
_____ ____ amach ar an mbóthar. Rith Rossa agus Neasa amach
_____. 'Tá brón orm,' arsa Rossa. Thosaigh Gordó ____
_____. Thug fear an phoist ____ _____ do Dhaidí.
'____ _____ _____ _____,' arsa Daidí. 'Tá fáilte romhat,'
arsa fear an phoist. Chuaigh ____ _____ isteach agus dhún
Daidí ____ _____. _____ Gordó isteach
____ _____. D'fhág ____ _____ slán le fear an phoist.

C **Ceisteanna**

1. Cén saghas lae a bhí ann?

   _____

2. An raibh an múinteoir ag rothaíocht síos an bóthar?

   _____

3. Cé a rith amach ar an mbóthar?

   _____

D  **Cén saghas lae atá ann inniu? Lá _____ atá ann.**

gaofar	breá	gránna	fuar	fliuch

Tá sé scamallach agus tá sé ag cur báistí. Tá an ghaoth ag séideadh. Lá gránna atá ann.	
Tá hata agus scairf orm. Tá fear sneachta sa ghairdín. Lá _____ atá ann.	
Tá an ghrian ag taitneamh. Táim ag an trá. Lá _____ atá ann.	
Tá an ghaoth ag séideadh. Tá duilleoga ag titim ar an talamh. Lá _____ atá ann.	
Tá tintreach agus toirneach ann. Tá tine ar siúl sa teach. Lá _____ atá ann.	

E **Cúpla ceist**

An maith leat lá fliuch?   …lá grianmhar?   …lá fuar?

…lá te?   …lá scamallach?

121

F Le foghlaim

| duilleoga | nead | uan | iora rua | éinín | gráinneog |
| beacáin | tarracóir | loch | nóiníní | an ghrian | leac oighir |

G Ceangail agus scríobh na habairtí i do chóipleabhar.

 Bhí na páistí ag scátáil | na beacáin.

Rith an t-iora rua | ar an tarracóir.

D'ith an ghráinneog | ar an leac oighir.

Bhí lacha bheag bhuí | ar an talamh.

Tháinig Colm ar scoil | suas an crann.

Bhí uan óg | ina shuí sa nead.

Thit na duilleoga | ag snámh sa loch.

Bhí an ghrian | ag léim sa pháirc.

Chonaic Rossa éinín | nóiníní sa ghairdín.

Phioc na páistí | ag taitneamh sa spéir.

H Tá biríní seaca ar an gconchró.

1. Tá culaith shnámha ar _____.

2. Tá _____ ar an bhfear sneachta.

3. Tá _____ ar _____.

4. Tá _____ ar _____.

5. Tá _____ ar an talamh.

6. Tá leac oighir ar _____.

7. Tá _____ _____ ar Dhaidí.

122

I  **Cén séasúr a bhí ann?**

An t-earrach   An samhradh   An fómhar   An geimhreadh

J **Cuir na focail seo sna boscaí thíos.**

beacáin	duilleoga	leac oighir	loch
uachtar reoite	iora rua	nóiníní	an ghrian
uan	hata agus scairf	éiníní	gráinneog
tarracóir	nead	fear sneachta	crann

An t-earrach a bhí ann.

_____ _____ a bhí ann.

_____ _____ a bhí ann.

_____ _____ a bhí ann.

sruthán

A 📚 Rás na Lachan

An Domhnach a bhí ann. Bhí an lá go hálainn agus bhí basár na scoile ar siúl. Bhí stallaí sa chlós agus cheannaigh Daidí cúpla planda. Bhuaigh Mamaí bosca brioscaí ag roth an áidh. Tar éis tamaill, shroich an chlann stalla na lachan.

| Daidí | Cén praghas atá ar lacha, más é do thoil é? |
| Príomhoide | Dhá euro an ceann. |

Cheannaigh Daidí sé lacha bheaga bhuí. Thug sé lacha amháin do gach duine den chlann. Bhí uimhir ar gach lacha. Fuair Clíona uimhir a seacht. Bhí sruthán beag in aice leis an scoil. Thosaigh rás na lachan ar a ceathair a chlog. Shéid an príomhoide feadóg agus chaith gach duine na lachain isteach sa sruthán. Síos an sruthán leis na lachain. Dhún Clíona a súile agus thosaigh sí ag guí.

Daidí	Brostaigh ort uimhir a trí déag!
Mamaí	Déan deifir! Déan deifir uimhir a fiche cúig!
Neasa	Ar aghaidh leat, uimhir a caoga dó.
Rossa	Cá bhfuil tú ag dul, a phleidhce?
Séimí	Snámh lacha – snámh!

Brostaigh ort, uimhir a trí déag!

Bhí na lachain ag snámh faoin droichead nuair a bhuail uimhir a trí déag carraig mhór. Bhí díomá ar Dhaidí. Ghreamaigh uimhir a caoga dó i gcrann. Bhí fearg ar Neasa. Bhuaigh uimhir a seacht an rás.

| Príomhoide | Cé leis an lacha seo? |
| Daidí | Uimhir a seacht? Is le Clíona í! |

Uimhir a seacht! Is liomsa í!

D'oscail Clíona a súile.

| Clíona | Uimhir a seacht! Is liomsa í! Is liomsa í! Bhuaigh mo lacha an rás. |

Léim Clíona suas agus síos. Bhí áthas an domhain uirthi. Thug an príomhoide deich euro agus an lacha bheag bhuí do Chlíona. Fuair an scoil míle euro agus cheannaigh an príomhoide ríomhaire nua don scoil. Bhí an-spórt acu go léir.

B Cúpla ceist

1. Cén saghas lae a bhí ann?

   _____

2. Cathain a thosaigh rás na lachan?

   _____

3. Cad a rinne Clíona nuair a dhún sí a súile?

   _____

4. Cad a tharla d'uimhir a trí déag?

   _____

5. Cé a bhuaigh an rás?

   _____

6. Cad a cheannaigh an príomhoide?

   _____

C Síos an sruthán leis na lachain.

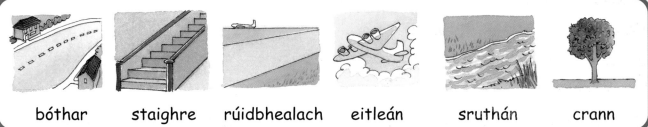

| bóthar | staighre | rúidbhealach | eitleán | sruthán | crann |

1. Síos ▨ an _____ leis ✈ an _____

2. Síos ▨ an _____ leis 👥 na _____

3. Síos ▨ an _____ leis 🧒 an _____

4. Suas 🌳 an _____ leis 🐿 an t-_____

5. Suas ▨ an _____ leis 🚜 an _____

6. Suas ▨ an _____ leis 🧑 an _____

127

D **Cé leis é seo?**   **Is liomsa é.**   **Ní liomsa é.**
               Is le Clíona é.   **Níl a fhios agam.**

| caipín | mála | cóipleabhar | lón | leabhar | peann | sparán | madra |

Cé leis _____ seo?   Is le Daidí é.

Cé leis _____ seo?   Is liomsa é.

Cé leis _____ seo?   Ní liomsa é.

Cé leis _____ seo?   Níl a fhios agam.

_____ _____ seo?   _____

_____ _____ seo?   _____

_____ _____ seo?   _____

_____ _____ seo?   _____

E 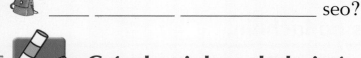 **Críochnaigh na habairtí.**

1. Bhí _____

2. Cheannaigh _____

3. Thug _____

4. Shroich _____

5. Chuaigh _____

6. Dhún _____

7. D'oscail _____

8. Thosaigh _____

9. Chaith _____

10. Fuair _____

11. Léim _____

12. Bhuaigh _____

128

F **Bhí an-spórt acu!**

Bhí an-spórt acu!

Bhí an-spórt acu!

G **Tarraing pictiúr de lá speisialta i do scoil.**
Déan cur síos ar an lá.

Súil Siar E

A 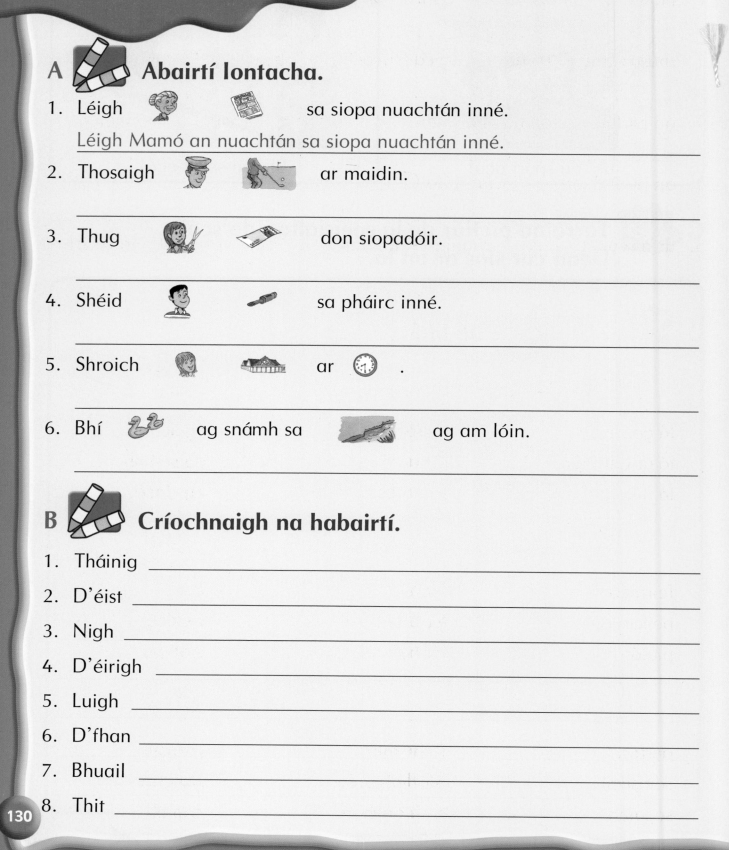 Abairtí lontacha.

1. Léigh   sa siopa nuachtán inné.

   Léigh Mamó an nuachtán sa siopa nuachtán inné.

2. Thosaigh   ar maidin.

   _____

3. Thug   don siopadóir.

   _____

4. Shéid   sa pháirc inné.

   _____

5. Shroich   ar   .

   _____

6. Bhí   ag snámh sa   ag am lóin.

   _____

B Críochnaigh na habairtí.

1. Tháinig _____

2. D'éist _____

3. Nigh _____

4. D'éirigh _____

5. Luigh _____

6. D'fhan _____

7. Bhuail _____

8. Thit _____

C Athscríobh na habairtí seo.

1. na lachain   ar maidin   Bhí   sa sruthán   ag snámh

_____

2. thosaigh sé   Lá fuar   ag cur sneachta   agus   a bhí ann

_____

3. an píolóta   san ollmhargadh   dlúthdhiosca   inné   Cheannaigh

_____

4. an príomhoide   Thug   do Chlíona   deich euro

_____

5. ar a seacht a chlog   chuaigh siad   agus   D'éirigh   ar scoil   na páistí

_____

D Cuir tic leis an bhfocal ceart.

lá gaofar	☐	tarracóir	☐	ag scátáil	☐
lá grianmhar	☐	otharcharr	☐	ag snámh	☐
lá fliuch	☐	seinnteoir ceoil	☐	ag rince	☐

feirmeoir	☐	loch	☐	litir	☐
peileadóir	☐	leabharlann	☐	feadóg	☐
píolóta	☐	lacha	☐	stampa	☐

aerfort	☐	fiche euro	☐	eitleán	☐
sóinseáil	☐	dlúthdhiosca	☐	staighre	☐
scuaine	☐	roth an áidh	☐	capall	☐

BRIATHRA - AN AIMSIR CHAITE

Sheas mé suas.

Níor sheas mé suas.

Dearfach	Diúltach
• Bhris mé – I broke	Níor bhris mé – I didn't break
• Bhrúigh mé – I pressed	Níor bhrúigh mé – I didn't press
• Bhuail mé – I hit	Níor bhuail mé – I didn't hit
• Chaill mé – I lost	Níor chaill mé – I didn't lose
• Chaith mé – I threw/spent	Níor chaith mé – I didn't throw/spend
• Chan mé – I sang	Níor chan mé – I didn't sing
• Chas mé – I turned	Níor chas mé – I didn't turn
• Chuir mé – I put	Níor chuir mé – I didn't put
• D'éist mé – I listened	Níor éist mé – I didn't listen
• Dhoirt mé – I poured	Níor dhoirt mé – I didn't pour
• Dhún mé – I closed	Níor dhún mé – I didn't close
• D'fhág mé – I left	Níor fhág mé – I didn't leave
• D'fhan mé – I waited	Níor fhan mé – I didn't wait
• D'fhéach mé – I looked	Níor fhéach mé – I didn't look
• D'inis mé – I told	Níor inis mé – I didn't tell
• Ghlan mé – I cleaned	Níor ghlan mé – I didn't clean
• Ghlaoigh mé – I called	Níor ghlaoigh mé – I didn't call
• Ghoid mé – I stole	Níor ghoid mé – I didn't steal
• Lean mé – I continued	Níor lean mé – I didn't continue
• Léim mé – I jumped	Níor léim mé – I didn't jump
• Luigh mé – I lay	Níor luigh mé – I didn't lie
• Phioc mé – I picked	Níor phioc mé – I didn't pick
• Phléasc mé – I burst	Níor phléasc mé – I didn't burst
• Phreab mé – I bounced	Níor phreab mé – I didn't bounce
• Rith mé – I ran	Níor rith mé – I didn't run
• Scríobh mé – I wrote	Níor scríobh mé – I didn't write
• Sheas mé – I stood	Níor sheas mé – I didn't stand
• Shéid mé – I blew	Níor shéid mé – I didn't blow
• Shiúil mé – I walked	Níor shiúil mé – I didn't walk
• Shroich mé – I reached	Níor shroich mé – I didn't reach
• Shuigh mé – I sat	Níor shuigh mé – I didn't sit
• Stop mé – I stopped	Níor stop mé – I didn't stop
• Stróic mé – I tore	Níor stróic mé – I didn't tear
• Thit mé – I fell	Níor thit mé – I didn't fall
• Thóg mé – I took	Níor thóg mé – I didn't take

BRIATHRA – AN AIMSIR CHAITE

Dearfach	Diúltach
Bhailigh mé – I collected	Níor bhailigh mé – I didn't collect
Bhrostaigh mé – I hurried	Níor bhrostaigh mé – I didn't hurry
Bhuaigh mé – I won	Níor bhuaigh mé – I didn't win
Cheannaigh mé – I bought	Níor cheannaigh mé – I didn't buy
Chríochnaigh mé – I finished	Níor chríochnaigh mé – I didn't finish
Chuardaigh mé – I searched	Níor chuardaigh mé – I didn't search
D'athraigh mé – I changed	Níor athraigh mé – I didn't change
D'éirigh mé – I got up	Níor éirigh mé – I didn't get up
D'eitil mé – I flew	Níor eitil mé – I didn't fly
D'fhreagair mé – I answered	Níor fhreagair mé – I didn't answer
D'oscail mé – I opened	Níor oscail mé – I didn't open
Ghortaigh mé – I hurt	Níor ghortaigh mé – I didn't hurt
Ghreamaigh mé – I stuck	Níor ghreamaigh mé – I didn't stick
Mharaigh mé – I killed	Níor mharaigh mé – I didn't kill
Shábháil mé – I saved	Níor shábháil mé – I didn't save
Shleamhnaigh mé – I slipped	Níor shleamhnaigh mé – I didn't slip
Thaispeáin mé – I showed	Níor thaispeáin mé – I didn't show
Tharraing mé – I pulled/I drew	Níor tharraing mé – I didn't pull/draw
Thiomáin mé – I drove	Níor thiomáin mé – I didn't drive
Thosaigh mé – I started	Níor thosaigh mé – I didn't start
Thriomaigh mé – I dried	Níor thriomaigh mé – I didn't dry

NA BRIATHRA NEAMHRIALTA

Bhí mé – I was	Ní raibh mé – I wasn't
Chonaic mé – I saw	Ní fhaca mé – I didn't see
Chuaigh mé – I went	Ní dheachaigh mé – I didn't go
Chuala mé – I heard	Níor chuala mé – I didn't hear
D'ith mé – I ate	Níor ith mé – I didn't eat
D'ól mé – I drank	Níor ól mé – I didn't drink
Dúirt mé – I said	Ní dúirt mé – I didn't say
Fuair mé – I got	Ní bhfuair mé – I didn't get
Rinne mé – I did/I made	Ní dhearna mé – I didn't do/make
Rug mé – I grabbed	Níor rug mé – I didn't grab
Tháinig mé – I came	Níor tháinig mé – I didn't come
Thug mé – I gave	Níor thug mé – I didn't give

LAETHANTA

An Domhnach – Sunday – Dé Domhnaigh
An Luan – Monday – Dé Luain
An Mháirt – Tuesday – Dé Máirt
An Chéadaoin – Wednesday – Dé Céadaoin
An Déardaoin – Thursday – Déardaoin
An Aoine – Friday – Dé hAoine
An Satharn – Saturday – Dé Sathairn

D	L	M	C	D	A	S
		1	2	3	4	5
6	7	8	9	10	11	12
13	14	15	16	17	18	19
20	21	22	23	24	25	26
27	28	29	30			

MÍONNA

Eanáir	January	Mí Eanáir
Feabhra	February	Mí Feabhra
Márta	March	Mí **an** Mhárta
Aibreán	April	Mí Aibreáin
Bealtaine	May	Mí **na** Bealtaine
Meitheamh	June	Mí **an** Mheithimh
Iúil	July	Mí Iúil
Lúnasa	August	Mí Lúnasa
Meán Fómhair	September	Mí Mheán Fómhair
Deireadh Fómhair	October	Mí Dheireadh Fómhair
Samhain	November	Mí **na** Samhna
Nollaig	December	Mí **na** Nollag

SÉASÚIR

An t-earrach
Feabhra
Márta
Aibreán

An samhradh
Bealtaine
Meitheamh
Iúil

An fómhar
Lúnasa
Meán Fómhair
Deireadh Fómhair

An geimhreadh
Samhain
Nollaig
Eanáir

RÉAMHFHOCAIL PHEARSANTA

mo – my	+h
do – your	+h
a – his	+h
a – her	—

CAT	MADRA	CONCHRÓ	CÁCA	MÁLA	BRÓG
mo chat	mo mhadra	mo chonchró	mo cháca	mo mhála	mo bhróg
do chat	do mhadra	do chonchró	do cháca	do mhála	do bhróg
a chat	a mhadra	a chonchró	a cháca	a mhála	a bhróg
a cat	a madra	a conchró	a cáca	a mála	a bróg

CARA	BORD	CÓTA	GAIRDÍN	TEACH	PÓCA
mo chara	mo bhord	mo chóta	mo ghairdín	mo theach	mo phóca
do chara	do bhord	do chóta	do ghairdín	do theach	do phóca
a chara	a bhord	a chóta	a ghairdín	a theach	a phóca
a cara	a bord	a cóta	a gairdín	a teach	a póca

RÉAMHFHOCAIL

	le	ar	do	ag
mé (me)	liom	orm	dom	agam
tú (you)	leat	ort	duit	agat
sé (him)	leis	air	dó	aige
sí (her)	léi	uirthi	di	aici
sinn (us)	linn	orainn	dúinn	againn
sibh (all of you)	libh	oraibh	daoibh	agaibh
siad (them)	leo	orthu	dóibh	acu

UIMHREACHA 1, 2, 3... 1, 2, 3... 1, 2, 3...

1	a haon – one		**20**	fiche – twenty
2	a dó – two		**30**	tríocha – thirty
3	a trí – three	**5**	**40**	daichead – forty
4	a ceathair – four		**50**	caoga – fifty
5	a cúig – five		**60**	seasca – sixty
6	a sé – six		**70**	seachtó – seventy
7	a seacht – seven		**80**	ochtú – eighty
8	a hocht – eight		**90**	nócha – ninety
9	a naoi – nine		**100**	céad – one hundred
10	a deich – ten		**200**	dhá chéad – two hundred

DAOINE

DÁTAÍ

DAOINE	DÁTAÍ
duine – one person	an chéad – the first
beirt – two people	an dara – the second
triúr – three people	an tríú – the third
ceathrar – four people	an ceathrú – the fourth
cúigear – five people	an cúigiú – the fifth
seisear – six people	an séú – the sixth
seachtar – seven people	an seachtú – the seventh
ochtar – eight people	an t-ochtú – the eighth
naonúr – nine people	an naoú – the ninth
deichniúr – ten people	an deichiú – the tenth

DATHANNA

dearg – red	oráiste – orange	buí – yellow	glas – green
gorm – blue	corcra – purple	donn – brown	dubh – black
liath – grey	bándearg – pink	dúghorm – navy	bán – white

MOTHÚCHÁIN

Tá áthas orm – I am happy	Bhí áthas air – He was happy
Tá brón orm – I am sorry	Bhí brón air – He was sorry
Tá tart orm – I am thirsty	Bhí tart air – He was thirsty
Tá ocras orm – I am hungry	Bhí ocras air – He was hungry
Tá eagla orm – I am afraid	Bhí eagla air – He was afraid
Tá fearg orm – I am angry	Bhí fearg air – He was angry
Tá deifir orm – I am in a hurry	Bhí deifir air – He was in a hurry
Tá náire orm – I am ashamed	Bhí náire air – He was ashamed
Tá tuirse orm – I am tired	Bhí tuirse air – He was tired
Tá imní orm – I am worried	Bhí imní air – He was worried
Tá díomá orm – I am disappointed	Bhí díomá air – He was disappointed

RÉAMHFHOCAIL

ar an – on the	leis an – with the
faoin – under the	go dtí an – to the
ag an – at the	trasna – across the
den – of the / off the	timpeall – around the
thar an – over the	suas – up
tríd an – through the	síos – down
as an – out of the	amach – out
sa / san – in the	isteach – in

Táim faoin mbord.

CEISTEANNA

Cé? – Who?	Cá? / Cár? – Where?
Cad? – What?	Cén fáth? – Why?
Céard? – What?	Conas? – How?
Cathain? – When?	Cén chaoi? – How?
Cén t-am? – At what time?	Cé mhéad? – How much? / How many?

ABAIRTÍ

Bain úsáid as an bhfoclóir thíos chun *Abairtí Iontacha* a dhéanamh.

BRIATHAR   +   DUINE nó AINMHÍ

Bhailigh	Fuair mé	an dochtúir	an rúnaí
Bhí	Ghlaoigh	an bhanaltra	an madra
Bhris	Ghlan	an múinteoir	an taibhse
Bhuail	Léigh	an buachaill	an bhó
Chaith	Léim	an cailín	bean an phoist
Chas	Phioc	na páistí	an príomhoide
Cheannaigh	Rinne	an garda	an feirmeoir
Chuala	Rith	an rúnaí	an t-iora rua
Chuir	Rug	an píolóta	an seanfhear
Chonaic	Scríobh	an sagart	an tseanbhean
Chuaigh	Sheas	an tiománaí	an t-aeróstach
Chríochnaigh	Shiúil	an capall	an saighdiúir
D'éirigh	Shuigh	an cat	an bhean óg
D'eitil	Tháinig	na leanaí	an fear
D'éist	Tharraing	Mamaí	Daidí
D'fhéach	Thit		
Dhún	Thóg		
D'ith	Thosaigh		
D'oscail	Thug		
D'fhan	D'ól		
Shroich	D'fhéach		
Phreab	Luigh		
Ghlaoigh	Stróic		
Chaill	Mharaigh		
Thaispeáin	Chuardaigh		
Thriomaigh	Shleamhnaigh		

Foclóir Breise

an scoil	an leabhar
an doras	an liathróid
an cupán	an litir
brioscaí	an fhuinneog
bronntanas	an doras
milseáin	cupán caife
crúiscín	subh
an ceapaire	an teilifís
an ríomhaire	rothar nua
mála scoile	eitleán

IONTACHA

I gcúpla cás b'fhéidir go mbeadh ort d'fhocail fhéin a chur leo.

+ ÁIT

ar scoil	sa bhanc
sa siopa	sa bhunscoil
sa chlós	sa leabharlann
sa séipéal	sa seomra folctha
sa chistin	sa seomra ranga
sa pháirc	sa seomra suí
sa chaisleán	sa seomra bia
sa ghairdín	ag an trá
sa chathair	san aerfort
san ospidéal	ag stad an bhus
faoin tuath	i rang a trí
sa rang	sa chonchró
sa chlann	sa bhaile mór
sa teach	san ollmhargadh
sa leaba	in oifig an phoist
sa gharáiste	sa teach
sa charr	sa siopa scoile
abhaile	sa bhaile
sa spéir	

+ AM

inné	ar a ceathrú tar éis a…
gach lá	ar a leathuair tar éis…
inniu	ar a ceathrú chun a…
amárach	ar a haon a chlog
aréir	ar a dó a chlog
ag am bricfeásta	ar a trí a chlog
ag am lóin	ar a ceathair a chlog
ag am tae	ar a cúig a chlog
ag am dinnéir	ar a sé a chlog
ar maidin	ar a seacht a chlog
tar éis tamaill	ar a hocht a chlog
um thráthnóna	ar a naoi a chlog
lá amháin	ar a deich a chlog
maidin amháin	ar a haon déag a chlog
tráthnóna amháin	ar a dó dhéag a chlog
oíche amháin	san oíche

Chonaic   na páistí   Daidí   sa pháirc   ag am lóin.

Ag.........Ag.........Ag.........

ag glaoch – calling	ag ithe – eating
ag scátáil – skating	ag ól – drinking
ag sleamhnú – sliding	ag tafann – barking
ag téidléimneach – skipping	ag iascaireacht – fishing
ag cuidiú le – helping	ag imirt peile – playing football
ag imirt leadóige – playing tennis	ag iománaíocht – hurling
ag luascadh – swinging	ag troid – fighting
ag bualadh bos – clapping	ag rásaíocht – racing
ag crochadh éadaí – hanging clothes	ag pleidhcíocht – messing
ag cur fola – bleeding	ag léim – jumping
ag imirt sacair – playing soccer	ag rince – dancing
ag imirt gailf – playing golf	ag canadh – singing
ag siúl – walking	ag titim – falling
ag rith – running	ag smaoineamh – thinking
ag caint – talking	ag cócaireacht – cooking
ag gáire – laughing	ag ceannach – buying
ag obair – working	ag caitheamh – throwing
ag súgradh – playing	ag féachaint – looking
ag léamh – reading	ag oscailt – opening
ag scríobh – writing	ag marcaíocht – horse riding
ag suí – sitting	ag rothaíocht – cycling
ag déanamh – doing	ag tiomáint – driving
ag teacht – coming	ag caoineadh – crying
ag dul – going	ag éisteacht – listening
ag imirt cispheile – playing basketball	ag díol – selling